Vocabulario

De las palabras al texto

A1

Proyecto editorial
Equipo de Idiomas de SM

Autora
Marta Higueras

Coordinación editorial
Cristina Aparecida Duarte

Edición
Marta Cabanillas Resino
María Álvarez Pedroso

Asesoramiento lingüístico
Concha de la Hoz Fernández

Ilustración
Horacio Díez; Marcelo Pérez; José Luis Navarro; Germán Tejerina; Pilar Giménez Avilés; Enrique Flores; Elia Manero; Marta Montañá; Gregorio Rodríguez; Christian Inaraja; ARTIMAGOS; Bernardette Cuxart; Lidia Peyret; Fátima García; Ricard Aranda; Carlos Velázquez; Ángel Sánchez Trigo; Javier Zabala; Jesús Aguado; Xavier Salomó; Catherine Beaumont; Tesa González; Sara Rojo; Maximiliano Luchini; Rocío Martínez; Roser Rius i Camps; Armand González; Félix Moreno Arrastio; Mayte Martínez; Josep Rodés; Fermín Solís Campos; Antonia Santolaya; Daniel Jiménez de la Fuente; Cristina Pérez Navarro; Felipe López Salán; Bartolomé Seguí

Fotografía
Javier Calbet, Sonsoles Prada, Olimpia Torres, Yolanda Álvarez, José Manuel Navia/Archivo SM; N. Sheik Valverde; José María González Ochoa; Manuel Carranza; Ninfa Watt; T. Wood; Andreu Dalmau/EFE; Mel Curtis, Mickael David, Andrew Ward, Doug Menuez, Ryan McVay/PHOTODISC; Laurence Mouton/PHOTOALTO; C. Rubio, CORBIS/COVER; BANANASTOCK; COMSTOCK IMAGES; GETTY IMAGES; AGE FOTOSTOCK

Diseño
Estudio SM

Maquetación
Pasión Gráfica, S.L.

Grabación
Rec Division, S.L.

Dirección editorial
Pilar García García

Comercializa
Para el extranjero:
Grupo Editorial SM Internacional
Impresores, 2 Urb. Prado del Espino
28660 Boadilla del Monte – Madrid (España)
Teléfono: (34) 91 422 88 00
Fax: (34) 91 422 61 09
internacional@grupo-sm.com

Para España:
Cesma, SA
Joaquín Turina, 39
28044 Madrid
Teléfono: 902 12 13 23
Fax: 902 24 12 22
clientes@grupo-sm.com

© Ediciones SM
www.sm-ele.com

ISBN: 978-84-675-2167-2
Depósito legal: M. 43.294-2008
Impreso en España - *Printed in Spain*

ÍNDICE

Programación 4

1 Este libro 5

2 Así soy yo 9

3 Intercambio de conversación 15

4 La clase de español 21

5 Esta es mi gente 27

6 Viajes 33

7 Mi ciudad 39

8 Una fiesta de cumpleaños 45

9 Menú del día 51

10 Este fin de semana 57

11 Mi trabajo 63

12 Prensa 69

● Actividades de ampliación en internet 75

● Transcripciones y soluciones 76

PROGRAMACIÓN

Unidad	Vocabulario	Textos	Objetivo
1 Este libro	Lenguaje de aula y apartados del libro Tipos de palabras: sustantivos, verbos y adjetivos	Textos de presentación	Conocer el libro
2 Así soy yo	Lenguas, países, números, nacionalidades y descripción física Números del 1 al 30	Correo electrónico Poema	Describirse en un correo electrónico
3 Intercambio de conversación	Días de la semana, asignaturas, hora, meses y números Números del 30 al 100	Horario escolar Conversaciones Notas y anuncios	Escribir un anuncio para hacer un intercambio de conversación
4 La clase de español	Material de aula, personas y datos personales Adjetivos de valoración	Carné de biblioteca Conversaciones Fichas	Matricularse en un centro de estudios Hablar de la clase de español
5 Esta es mi gente	Familia, partes de la casa, muebles y electrodomésticos Locuciones adverbiales	Anuncios Notas Solicitudes Poema	Buscar una familia anfitriona
6 Viajes	Medios de transporte y viajes Sustantivos relacionados con viajes	Postales Conversaciones Poema	Elegir un viaje y completar una postal
7 Mi ciudad	Servicios, tiendas de la ciudad e indicaciones en la ciudad Adjetivos para valorar una ciudad Acciones relacionadas con algunos edificios de la ciudad Números ordinales	Conversaciones para dar indicaciones Planos Notas	Hablar de la ciudad, dar y entender indicaciones para llegar a un sitio
8 Una fiesta de cumpleaños	Carácter, ropa, colores y regalos Adjetivos de tamaño Sustantivos de relaciones personales Números a partir del 100	Secciones de grandes almacenes Catálogos Conversaciones Trabalenguas	Describir personas Hablar de la ropa y de regalos
9 Menú del día	Alimentos, menú y bebidas Valoraciones y gustos relacionados con la comida	Notas Menú y carta de restaurante Conversaciones	Entender un menú sencillo
10 Este fin de semana	Ocio cultural, ocio en casa, ocio en el centro comercial y deporte Adverbios de tiempo	Guía del ocio Directorios de centro comercial y de ocio y de polideportivo Diario	Hablar del tiempo libre
11 Mi trabajo	Profesiones, la rutina del trabajo y anuncios de trabajo Documentación y lugares de trabajo	Anuncios sencillos Fichas Carta de solicitud de trabajo	Hablar de profesiones y del trabajo Entender anuncios sencillos
12 Prensa	Secciones de un periódico, las estaciones del año y el tiempo atmosférico Medios de comunicación	Secciones de un periódico Mapas del tiempo Correos electrónicos Carta de suscripción, fax de reclamación y carta de confirmación	Aprender las secciones de un periódico Hablar del tiempo atmosférico Entender distintos tipos de cartas

ESTE LIBRO

¿CONOCES ESTE LIBRO?

Lenguaje de aula

1 Completa con vocales (*a, e, i, o, u*) las palabras de las imágenes anteriores.

2 Busca las palabras de la actividad 1 en esta sopa de letras (➤ ▼).

M	A	R	L	E	E	R	T	X	V	Ñ	O	L	A	R	O
C	V	E	Ñ	B	S	U	R	E	F	S	B	K	J	A	P
O	I	L	I	U	C	C	O	N	T	E	S	T	A	R	T
M	Ñ	A	P	S	R	E	V	A	T	R	E	R	Q	U	R
P	H	C	R	C	I	T	A	C	H	A	R	B	E	R	A
L	C	I	H	A	B	L	A	R	J	B	V	M	L	T	D
E	A	O	M	R	I	O	R	D	E	N	A	R	U	A	U
T	A	N	R	Ñ	R	I	Q	B	T	E	R	Z	J	C	C
A	B	A	W	S	U	B	R	A	Y	A	R	M	C	I	I
R	P	R	E	G	U	N	T	A	R	P	S	I	O	A	R
E	S	C	U	C	H	A	R	O	R	D	O	T	N	R	V

3 Observa la unidad 1 (*Así soy yo*) y ordena los iconos por aparición.

Agenda
1
....

Pronunciación y glosario
....

De las palabras al texto
....

Autoevaluación
....

Redes
....

Lluvia de palabras
....

Mi diccionario
....

Cultura y palabras
....

Internet
....

Apartados del libro

4 **a)** Busca estos verbos en el diccionario y copia la definición.

planificar
....
....

presentar
....
....

pronunciar
....
....

repetir
....
....

evaluar
....
....

aprender
....
....

repasar
....
....

usar
....
....

b) Relaciona los apartados de este libro con los adjetivos.

Apartados

1 Agenda

2 Lluvia de palabras

3 Cultura y palabras

4 Redes

5 De las palabras al texto

6 Pronunciación y glosario

7 Mi diccionario

8 Autoevaluación

9 Internet

Objetivos

a Aprender a usar el diccionario

b Planificar

c Repasar las palabras, pronunciar y escribir bien

d Ampliar actividades en internet

e Presentar palabras nuevas

f Usar las palabras para leer y escuchar textos

g Evaluar, repetir

h Aprender cultura a través de palabras

i Relacionar palabras

sustantivos
libro
España

verbos
estudiar
hablar

adjetivos
bonito
fácil

5 **a)** Observa y completa con las palabras *unidad*, *libro* y *actividades* o *ejercicios*.

REDES

| Vocabulario 1 De las palabras al texto | → | Así soy yo | → | 1 Escucha 2 Ordena 3 Observa | unidad libro actividades |

1 .... 2 .... 3 ....

b) Observa.

los deberes en casa ← hacer → un examen en la clase de español

↓

un ejercicio o una actividad

• Completa con verbos de esta unidad.

```
...........................  ←            →  ...........................

...........................  ←  una palabra  →  ...........................

.......escribir......  ←            →  ...........................
```

Crear redes de palabras ayuda a aprender vocabulario

c) Traduce y repasa estos verbos para entender las preguntas en este libro.

HACER	PODER	QUERER	SABER	PREFERIR
yo hago	yo puedo	yo quiero	yo sé	yo prefiero
tú haces	tú puedes	tú quieres	tú sabes	tú prefieres
él/ella/usted hace	él/ella/usted puede	él/ella/usted quiere	él/ella/usted sabe	él/ella/usted prefiere
....	....	....	....	....

De las palabras al texto

6 **a)** Lee este texto y busca dos nombres de personas.

PALABRAS → TEXTO

Soy Anna y estudio español en Valencia con Hadiya y Paolo. Yo estudio y hago las actividades del libro sola, pero hablamos siempre en parejas. En clase hablamos español todo el tiempo. Repasamos en grupo, ¡es más divertido!

b) Observa estas imágenes, vuelve a leer el texto y contesta a las preguntas.

sola   en parejas   en grupo

1 ¿Cómo estudia Anna? .... 3 ¿Cómo hablan en clase de español? ....

2 ¿Cómo hace las actividades del libro? .... 4 ¿Cómo repasan? ....

c) Completa con el texto de la actividad.

1 Rodea la 5.ª palabra. Escribe esa palabra.

....

2 Subraya el 2.º verbo y tacha la 1.ª palabra.

3 Escribe 5 palabras del texto. ...., ..., ..., ... y ....

4 Busca *divertido* en el diccionario y escribe su definición.

....

7 **a)** Escucha el poema y contesta: ¿cómo suena el español? Rodea una o más imágenes.

b) Lee el glosario y coloca las palabras *Estudiar*, *Lenguaje de aula (verbos)* y *Apartados* en 1, 3 y 6.

1

....

Completar, contestar,
escribir, escuchar, hablar,
leer, observar, ordenar,
preguntar, relacionar, subrayar,
tachar, traducir, hacer, poder,
preferir, querer, saber.

2

TIPOS DE PALABRAS

Sustantivos,
verbos,
adjetivos.

3

....

Agenda, Lluvia de palabras,
Cultura y palabras, Redes,
De las palabras al texto,
Pronunciación y glosario,
Mi diccionario,
Autoevaluación, internet.

ESTE LIBRO

6

....

En casa,
en clase de español,
solo/-a, en parejas,
en grupo.

5

PARTES

Unidad,
actividades,
ejercicios.

4

¿PARA QUÉ?

Para planificar, para presentar palabras,
para aprender cultura, para relacionar,
para usar las palabras,
para repasar y pronunciar,
para aprender a usar el diccionario,
para autoevaluarse, para ampliar actividades.

c) Escucha el glosario y comprueba tus respuestas.

d) Escribe las palabras del glosario que te suenan "más españolas".

¿DE DÓNDE ERES? ¿QUÉ LENGUAS HABLAS? ¿CÓMO ERES?
¿PUEDES PRESENTARTE A OTROS AMIGOS EN INTERNET?

Oui
francés

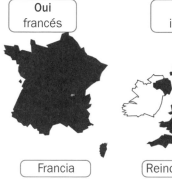

Francia

Yes
inglés

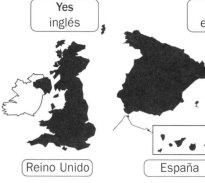

Reino Unido

Sí
español

España

1 uno	11 once	21 veintiuno
2 dos	12 doce	22 veintidós
3 tres	13 trece	23 veintitrés
4 cuatro	14 catorce	24 veinticuatro
5 cinco	15 quince	25 veinticinco
6 seis	16 dieciséis	26 veintiséis
7 siete	17 diecisiete	27 veintisiete
8 ocho	18 dieciocho	28 veintiocho
9 nueve	19 diecinueve	29 veintinueve
10 diez	20 veinte	30 treinta

نعم
árabe

Marruecos

Sim
portugués

Portugal

はい
japonés

Japón

Lenguas. Países. Números. Nacionalidades

1 Escucha y completa con países y números.

AUDIO
4

MUNDOCANCIÓN			
País	Puntos	País	Puntos
Portugal	15	Grecia	
	22	Brasil	11
Japón	14	México	
Marruecos			29
	12	Alemania	
Francia		Estados Unidos	16

2 Completa y busca la palabra escondida. ¿De dónde es Marco?

1 Soy de Estados Unidos, hablo…   ☐ _ _ _ _ _ _
2 Somos de Portugal y Brasil, hablamos…   _ _ _ _ ☐ _ _ _ _
3 Es de Japón, habla…   ☐ _ _ _ _ _
4 Son de México y España, hablan…   _ _ _ _ _ _ ☐ _
5 Eres del Reino Unido, hablas…   ☐ _ _ _ _ _
6 Sois de Egipto y Marruecos, habláis…   _ _ ☐ _ _

• ¿Y tú?
Soy de ……………….., hablo…………………………………………… .

Hispanoamérica

3 Observa las imágenes y elige uno de estos textos para cada una.

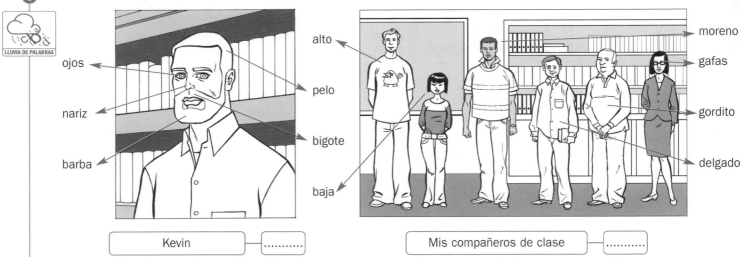

ojos — nariz — barba — pelo — bigote — Kevin — ....

alto — baja — moreno — gafas — gordito — delgado — Mis compañeros de clase — ....

1 Kevin es un señor rubio, lleva barba y tiene los ojos pequeños y la nariz grande.

2 Mark es un chico alto y delgado, es inglés. Yoko es baja y guapa, es japonesa. Giovanni es guapo y moreno, es italiano. El profesor de español es un poco bajo. El señor gordito es francés. La mujer es portuguesa, lleva gafas.

3 Kevin es un señor rubio, lleva barba y bigote. Tiene los ojos grandes y la nariz pequeña.

4 Mark es un chico bajo y delgado, es inglés. Yoko es alta y guapa, es japonesa. Giovanni es guapo y rubio, es italiano. El profesor de español es un poco bajo. El señor gordito es francés. La mujer es portuguesa, lleva gafas.

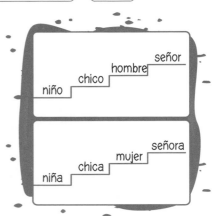

niño — chico — hombre — señor

niña — chica — mujer — señora

Descripción física

4 **a)** ¿De España o de Hispanoamérica? Relaciona estos personajes con su procedencia.

Don Quijote

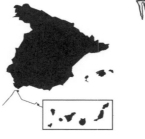

Isabel Allende

Gabriel García Márquez

Letizia Ortiz, Princesa de Asturias

b) ¿Cómo son físicamente? ¿Cuál no existe?

Don Quijote: .... Isabel Allende: ....

Gabriel García Márquez: .... Letizia Ortiz: ....

5 **a)** Completa el esquema con las palabras *ser, tener los ojos, llevar.*

1 .... → rubio/-a
→ moreno/-a
→ alto/-a, gordo/-a

2 .... → grandes # pequeños
→ claros # oscuros
→ marrones
→ negros
→ verdes
→ azules

3 .... → bigote
barba → gafas

b) Traduce. ¿Es igual en tu lengua?

Lleva gafas. .... Tiene los ojos verdes. ....

Es morena. .... Tiene el pelo moreno. ....

Es alto. .... Tiene el pelo blanco/negro. ....

Combinar palabras ayuda a usarlas bien

c) ¿Cómo eres? Descríbete. Subraya tus respuestas.

Soy...	un niño/chico/hombre/señor. rubio/moreno. alto/bajo. gordo/delgado. guapo/feo.	una niña/chica/mujer/señora. rubia/morena. alta/baja. gorda/delgada. guapa/fea.
Tengo...	los ojos claros/oscuros. los ojos azules/verdes/marrones/negros. los ojos grandes/pequeños. la nariz grande/pequeña. 20, 30,... años. el pelo negro/rubio/moreno/blanco.	los ojos claros/oscuros. los ojos azules/verdes/marrones/negros. los ojos grandes/pequeños. la nariz grande/pequeña. 20, 30,... años. el pelo negro/rubio/moreno/blanco.
(No) Llevo...	gafas. barba/bigote.	gafas.

6 **a)** Busca palabras de esta unidad.

altfeoxirzclarosmidoklrubiaglocashgordoytbajalmpequeñosr

b) Escribe las palabras anteriores en la columna 1. Relaciónalas con su opuesto.

1
....
claros
....
....
....
....
....

2
(ojos) oscuros
alta
guapo
morena
delgado
grandes

De las palabras al texto

7 a) Escucha y escribe sus nombres: *Ryuta*, *Óscar*, *Chloé* y *Ricardo*.

A B C D

.... Chloé ....

b) Escucha otra vez y subraya la frase falsa.

1 El niño es español. **3** La chica es francesa.

2 El hombre moreno es japonés. **4** El señor es italiano.

8 a) Lee el correo electrónico. Busca palabras para sustituir por estas: *Londres*, *azules*, *gordo*, *inglés*, *28*, *rubio*, *Paul*.

Mensaje nuevo

Enviar Chat Adjuntar Agenda Tipo de letra Colores Borrador Navegador de fotos Mostrar plantillas

Para: luisa@email.com

CC:

Asunto: Descripción física

Hola, Luisa:
Soy Carlo, soy italiano, de Milán. Tú, ¿de dónde eres? Tengo 24 años. Estudio español y quiero hacer un intercambio de conversación.
¿Cómo eres? Yo soy alto y delgado, tengo el pelo moreno y los ojos negros. Soy simpático. ¡Hablo mucho!
Hasta pronto.
Carlo

b) Escribe tú también a Luisa.

Mensaje nuevo

Enviar Chat Adjuntar Agenda Tipo de letra Colores Borrador Navegador de fotos Mostrar plantillas

Para: luisa@email.com

CC:

Asunto: Descripción física

Hola, Luisa:
Soy .... Tengo .... años. Estudio ....
¿............................? ....
Hasta pronto.
....

9 **a)** Escucha el poema. ¿Cómo suena el español? Elige una imagen.

A ....

B ....

C ....

tenso

normal

poco tenso

• ¿Cuál es tu lengua materna? ¿Cómo suena? ¿Con qué imagen la identificas?

....

b) Escucha y repite las palabras del glosario. Importante: el sonido es fuerte, tenso.

1 ¿DE DÓNDE ERES?

Soy de: Alemania, Brasil, Egipto, España, Estados Unidos, Francia, Grecia, Holanda, Italia, Japón, Marruecos, México, Portugal, Reino Unido, Chile, Argentina…

2 ¿QUÉ LENGUAS HABLAS?

Alemán, árabe, español, francés, holandés, inglés, italiano, japonés, portugués…

3 ¿CÓMO ERES?

Soy…
rubio ≠ moreno,
alto ≠ bajo,
gordo ≠ delgado,
guapo ≠ feo.

4 ¿CÓMO ERES?

Tengo el pelo…
rubio, moreno,
negro, blanco…

ASÍ SOY YO

8 ¿CUÁNTOS AÑOS TIENES?

Uno, dos, tres, cuatro, cinco, seis, siete, ocho, nueve, diez, once, doce, trece, catorce, quince, dieciséis, diecisiete, dieciocho, diecinueve, veinte, veintiuno, veintidós, treinta…

7 ¿CÓMO ERES?

Soy un…
niño, chico, hombre, señor.
Soy una…
niña, chica, mujer, señora.

6 ¿CÓMO ERES?

Llevo gafas, barba, bigote…

5 ¿CÓMO ERES?

Tengo los ojos…
azules, marrones, negros, verdes, grandes ≠ pequeños, oscuros ≠ claros;
la nariz…
grande ≠ pequeña.

c) Traduce algunas palabras difíciles del glosario.

10 a) Busca estas palabras en un diccionario bilingüe y escribe su traducción.

tarde: .... señor: .... pelo: ....

b) Señala la frase verdadera.

1 Una palabra en español = una palabra en otra lengua

2 Una palabra en español = una o más palabras en otra lengua

c) Observa estas dos definiciones. ¿Qué información da el diccionario?

1 Traducción   2 Ejemplo   3 Información gramatical

[....3......] [...........] [...........]   [...........] [...........] [...........]

señor, a s. **1** *(hombre)* man *(pl* men) sir *(form)* **2** *(mujer)* woman *(pl* women) madam *(form)* **3** *(tratamiento de respeto)* gentleman (caballero) *(pl* gentlemen) lady (dama) *(pl* ladies) **4** *(usado con un apellido)* Mr (hombre) Mrs (mujer casada) Ms (mujer, sin especificar estado civil) **5** *(usado en cartas)* sir (hombre) madam (mujer)

señor, -a s. **1** un monsieur, une dame: *(He visto una señora muy elegante)* J'ai vu une dame très élégante **2** *(fórmula de tratamiento)* Monsieur, Madame: *(Perdone, señora, ¿qué hora tiene?)* Pardon, Madame, quelle heure est-il?

(Diccionario didáctico DICO Français-Espagnol. Español-Francés. Ediciones SM, Madrid, 2004, pág. 694)

> Para usar bien el diccionario bilingüe, busca grupos de palabras y lee los ejemplos.

11 Relaciona preguntas con respuestas.

1 ¿De dónde eres?   **2** ¿Qué lenguas hablas?   **3** ¿Eres español?   **4** *¿Oui* es *sí* en italiano?

[...........] Hablo inglés, italiano y árabe. [...........] No, *oui* es *sí* en francés. [...........] Soy de Grecia. [...........] No, soy brasileño.

12 Tacha la palabra diferente.

1 delgado, feo, bajo, gordo, inglés, alto

2 uno, once, veintiuno, cuatro

3 azul, verde, negro, marrón, rubio

4 moreno, niño, chico, niña, señor

5 francés, japonés, Italia, español, portugués

6 ojos, pelo, nariz, gafas, barba

13 Puedo escribir un correo y hablar de cómo soy.

Sí   Regular   Todavía no

😊   Estudia el glosario.
                              Repite actividades.

14 Amplía tus conocimientos y practica con las actividades de la página 75.

3 INTERCAMBIO DE CONVERSACIÓN

¿SABES HABLAR DE HORARIOS Y DECIR LA HORA EN ESPAÑOL?
¿PUEDES BUSCAR UN INTERCAMBIO DE CONVERSACIÓN?

AGENDA

LLUVIA DE PALABRAS

GLOSARIO

HORARIO DE JOÃO

	l_____	ma_____	m_____	j_____	v_____	s_____	d_____
9.00 - 12.00 h	Español	Español	¿CÓMO ERES? ALTA A GUAPO/A SOY...	Español	Matemáticas		
12.00 - 13.45 h	Conversación	Matemáticas	Conversación	Historia	Conversación		
15.00 - 16.15 h		X = 3y + 45x X - 45x = y 3 √643923	Español	Francés			
17.15 - 18.30 h		Historia	8x 9/815 x0				

Días de la semana. Asignaturas

1 a) Ordena los días de la semana y completa el horario de João.

viernes   domingo   sábado   lunes
miércoles   jueves   martes

El fin de semana → .... y ....

b) Relaciona los contenidos con el nombre de las asignaturas.

1 4 x 4 = 16
2 sustantivo, adjetivo, verbo
3 Hablar para aprender español, inglés, francés…
4 La creación del euro

a Historia
b Matemáticas
c Conversación
d Español

c) Mira el horario de João y contesta verdadero (V) o falso (F).

	V	F
1 El lunes, el martes y el jueves tiene Español por la mañana.	☐	☐
2 El lunes, el martes y el viernes tiene clase de Matemáticas.	☐	☐
3 El fin de semana no tiene clase.	☐	☐
4 El miércoles tiene Historia.	☐	☐
5 El miércoles estudia Español por la tarde, a las 15 h.	☐	☐
6 El viernes tiene Matemáticas de 12 h a 13.45 h.	☐	☐
7 A mediodía tiene Conversación.	☐	☐

mañana   mediodía

tarde   noche

2 Forma parejas.

escribir   música   estudiar   tener   intercambio de conversación   escuchar   cartas   historia

3 **a)** Completa el calendario.

marzo: después de febrero y antes de abril
febrero: después de enero

noviembre: después de octubre y antes de diciembre
mayo: antes de junio

enero	....	....	abril
....	junio	julio	agosto
septiembre	octubre	....	diciembre

después de agosto →

← junio   julio   agosto →

antes de junio

en punto
menos cinco — **y cinco**
menos diez — **y diez**
menos cuarto 9 | 3 **y cuarto**
menos veinte — **y veinte**
menos veinticinco — **y veinticinco**
6
y media

31 treinta y uno	**40** cuarenta	**80** ochenta
32 treinta y dos	**50** cincuenta	**90** noventa
33 treinta y tres	**60** sesenta	**100** cien
...	**70** setenta	

Hora. Meses. Números

b) Fíjate y escribe la hora con letra.

12:17	21:55	13:30	9:40	17:50
las doce y diecisiete	....	....	....	....

c) Completa con tu horario. ¿A qué hora empieza y termina tu horario de trabajo?

Trabajo ...... días a la semana. De .... a .... Mi horario de trabajo en enero empieza a la(s) .... en punto / y cuarto / y media / menos .... y termina a la(s) .... en punto / y cuarto / y media / menos ....

Mi horario en julio empieza a las .... en punto / y cuarto / y media / menos ...... y termina a la(s) .... en punto / y cuarto / y media / menos ....

> 7 días = semana
> 1 día = 24 horas
> 1 hora = 60 minutos
> 1 minuto = 60 segundos

d) Observa el horario de João en la página 15 y escribe.

1 Tiene una clase de ...Conversación... el lunes de **12 a 13.45 h.** De las doce en punto a las dos menos cuarto.
2 Tiene una clase de .... el miércoles de **15 a 16.15 h.** ....
3 Tiene una clase de .... el jueves de **15 a 16.15 h.** ....
4 Tiene una clase de .... el miércoles de **12 a 13.45 h.** ....
5 Tiene una clase de .... el viernes de **9.00 a 12.00 h.** ....
6 Tiene una clase de .... el martes de **17.15 a 18.30 h.** ....

4 **a)** ¿Por qué lunes, martes, miércoles...? Relaciona los nombres de los días con su origen y simbología.

1 lunes, martes, miércoles, jueves y viernes

2 sábado

3 domingo

b) Completa con los días de la semana.

1 ¿Cuál es el primer día de la semana? ....

2 Los niños van al colegio de .... a ....

3 Las tiendas cierran habitualmente el ....

5 a) Ordena las letras de cada palabra del esquema.

REDES

1 ñoa= ....

2 sem= ....

enero | febrero | .... | abril | mayo | junio | julio | agosto | septiembre | octubre | noviembre | ....

3 masena= ....

1.ª | 2.ª | 3.ª | 4.ª

4 adí= ....

lunes | .... | miércoles | jueves | viernes | sábado | ....

5 raho= ....

24

6 numito= ....

1 hora = 60 m

b) Escribe estas palabras en el esquema anterior: *martes, marzo, domingo, diciembre.*

Clasificar ayuda a memorizar palabras

c) Lee este texto y busca el error.

> Un año tiene 12 meses. Un mes tiene 6 semanas. Una semana tiene 7 días.
> 1 día tiene 24 horas. 1 hora tiene 60 minutos. Un minuto tiene 60 segundos.

6 a) Escribe en orden los días de la semana y los meses del año.

SEMANA ....domingo...........

....

....

....

....

....

....

AÑO ....

....

....

....

...........enero........... ....

....

b) Averigua los meses que forman este refrán y completa.

> 30 días trae noviembre, con ...., junio y .... Los demás tienen 31, menos ...., que tiene 28 ó 29.

c) Lee y completa.

> Observa:
> lunes, martes, enero, febrero
> no Lunes, Martes, Enero, Febrero

> Los .... de la semana y los .... del año en español se escriben con minúscula.

7 a) Subraya las diferencias en estas notas.

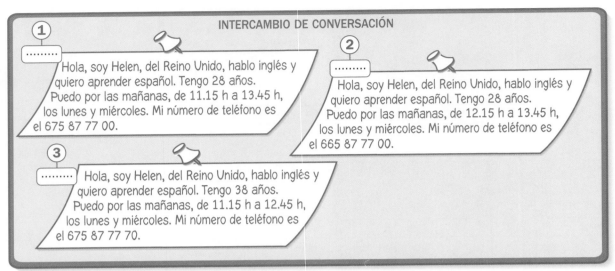

INTERCAMBIO DE CONVERSACIÓN

① ....
Hola, soy Helen, del Reino Unido, hablo inglés y quiero aprender español. Tengo 28 años.
Puedo por las mañanas, de 11.15 h a 13.45 h, los lunes y miércoles. Mi número de teléfono es el 675 87 77 00.

② ....
Hola, soy Helen, del Reino Unido, hablo inglés y quiero aprender español. Tengo 28 años.
Puedo por las mañanas, de 12.15 h a 13.45 h, los lunes y miércoles. Mi número de teléfono es el 665 87 77 00.

③ ....
Hola, soy Helen, del Reino Unido, hablo inglés y quiero aprender español. Tengo 38 años.
Puedo por las mañanas, de 11.15 h a 12.45 h, los lunes y miércoles. Mi número de teléfono es el 675 87 77 70.

b) Escucha y elige (√) la nota correcta.

8 a) Ordena este diálogo entre Mark y Susana.

- Mejor a las cinco y media, ¿vale?
.... • Vale, muy bien, nos vemos el martes.
- Adiós, hasta el martes.

- ¡Vaya!, el miércoles yo no puedo, es que voy a clase de español por la mañana.
- ¿Y por la tarde?
.... • No, tampoco, lo siento, tengo francés de 4 a 6. Yo puedo el lunes o el martes por la tarde o a mediodía. ¿Tú puedes?
- El martes es perfecto. ¿A qué hora?
- ¿A las cinco?

- Hola, Susana, soy Mark.
.... • Hola, Mark. ¿Qué tal?
- Muy bien, ¿y tú?

- Bien, bien. ¿Llamas por lo del intercambio de conversación?
.... • Sí, sí. ¿Cuándo puedes?
- Mmmm…. a ver, a ver… puedo el miércoles por la mañana.

b) Contesta.

1 ¿Cuándo es el intercambio de conversación?
Por la ....
a las ....

2 Mark no puede el miércoles porque ....

c) Completa con: *mañana, mediodía, tarde, noche.*

por la → ....
a → ....

d) Completa este anuncio para hacer un intercambio de conversación.

BUSCO INTERCAMBIO DE CONVERSACIÓN
Hola, soy .... Soy de .... Hablo .... y quiero hablar .... con .... de .... años, más o menos. Puedo por la .... los ...., ... y ...., de .... a .... horas.
Teléfono ....

9 **a)** Escucha y contesta cómo se pronuncia el español. ¿Cómo están los labios? Escribe *inglés*, *francés* y *español* debajo de las imágenes.

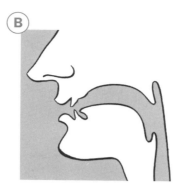

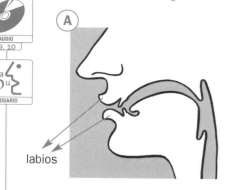

A

B

C

labios

....

• Lee la transcripción del audio y repite las frases delante de un espejo.

b) Escucha y repite las palabras del glosario. Recuerda la posición correcta de los labios.

1 ¿CUÁNDO?

Horario: lunes, martes, miércoles, jueves, viernes, sábado, domingo, fin de semana.

2 ¿QUÉ ESTUDIAS EL LUNES?

Asignaturas: Español, Conversación, Historia, Matemáticas, Francés...

3 ¿A QUÉ HORA?

A las doce en punto, y cinco, y diez, y cuarto, y veinte, y media. La una menos veinticinco, menos veinte, menos cuarto, menos diez, menos cinco.

4 ¿CUÁNDO?

Meses del año: en enero, febrero, marzo, abril, mayo, junio, julio, agosto, septiembre, octubre, noviembre, diciembre; antes de, después de.

INTERCAMBIO DE CONVERSACIÓN

7 ¿PARA QUÉ?

Para aprender francés; para escribir cartas en español; para escuchar y entender música en español; para estudiar historia; para hablar español, inglés...

6 TIEMPO

Año, mes, semana, día, hora, minuto, segundo.

5 ¿CUÁNDO PUEDES?

Por la mañana, a mediodía, por la tarde, por la noche.

c) Añade dibujos que explican palabras, como en los ejemplos.

10 **a)** El diccionario puede ayudarte a hablar bien español. Lee esta página del diccionario.

- ¿Tiene hora, por favor?
- Sí, son las seis y veinticinco.
- ¿A qué hora es el concierto?
- A las nueve menos cuarto.
- ¿Hasta qué hora trabajas?
- Hasta las cinco y media.

(*Diccionario de español para extranjeros*, Madrid, Ediciones SM, 2002, p. 678.)

b) Observa las imágenes y completa 1 y 2. Escribe preguntas de esta página del diccionario y contéstalas.

 **1**

 2

El diccionario enseña a escribir bien, a leer bien y también a hablar bien.

11 Completa tu horario en español.

HORARIO						
lunes	martes	miércoles	jueves	viernes	sábado	domingo

12 Escribe frases verdaderas.

1 Estudio Español por la .... **5** Tengo clase de Historia por la ....

2 Leo por la .... **6** Tengo clase de Matemáticas por la ....

3 Hablo Español en el intercambio, por la .... **7** Hago las actividades por la ....

4 Compro el periódico por la ....

13 Puedo buscar un intercambio de conversación.

Sí   Regular   Todavía no

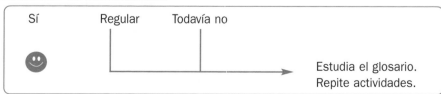

Estudia el glosario.
Repite actividades.

14 Amplía tus conocimientos y practica con las actividades de la página 75.

4 LA CLASE DE ESPAÑOL

¿QUÉ HAY EN TU CLASE DE ESPAÑOL?
¿SABES DAR TUS DATOS PERSONALES PARA MATRICULARTE?

m _ _ _

es _ t r _ _

compañero

f _ t _ p _ _ _

g _ _ _

z _ a

d _ _ _ _ r

ar _ _ i

á _ i

1 a) Completa la imagen con las palabras subrayadas.

Material de aula y personas

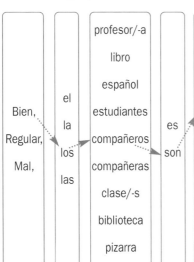

profesor, estudiante,
compañero

mesa, silla, armario,
estantería, pizarra

libro, diccionario, ordenador,
mapa, fotocopia

papel, bolígrafo,
lápiz, goma

b) Observa la imagen y escribe frases verdaderas.

1 En la clase hay siete sillas.　　2 Hay dos d.................. .　　3 Hay un o.................. .

4 Hay una p.................. .　　5 Hay dos e.................. .　　6 Hay tres m.................. .　　7 Hay cuatro e.................. .

2 ¿Qué tal tus clases de español? ¿Bien? ¿Mal? ¿Regular?
Forma frases y opina.

| Bien, Regular, Mal, | el la los las | profesor/-a libro español estudiantes compañeros compañeras clase/-s biblioteca pizarra | es son | fácil ≠ difícil simpático/-a/-os/-as antipático/-a/-os/-as inteligente/-s bueno/-a/-os/-as ≠ malo/-a/-os/-as regular/-es grande/-s ≠ pequeño/-a/-os/-as alemán, japonés, francés, marroquí, inglés, español, argentino |

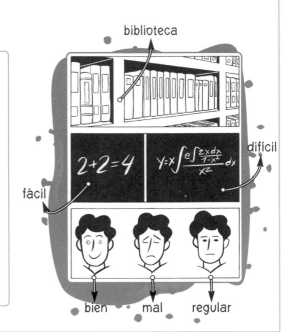

biblioteca

difícil

fácil

$2+2=4$

$y = x \sqrt{\int e \int \frac{z \times dx}{7 - x^2}} dx$

bien　mal　regular

3 **a) Identifica en el carné de biblioteca de Laura estas palabras.**

nombre   sexo   fecha de nacimiento   firma   calle   ciudad   segundo apellido

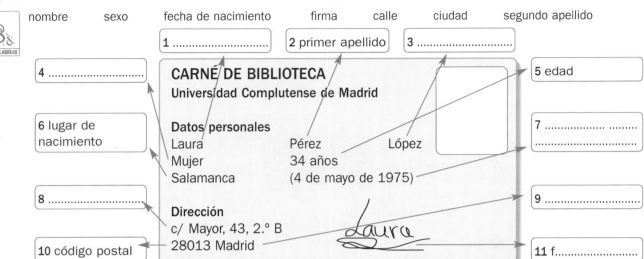

1 ....

2 primer apellido

3 ....

4 ....

5 edad

CARNÉ DE BIBLIOTECA
Universidad Complutense de Madrid

6 lugar de nacimiento

Datos personales
Laura   Pérez   López
Mujer   34 años
Salamanca   (4 de mayo de 1975)

7 ....
....

8 ....

Dirección
c/ Mayor, 43, 2.º B
28013 Madrid

9 ....

10 código postal

11 f...........................

Datos personales

b) Completa las frases y después el crucigrama.

HORIZONTALES ➤ - **Completa las frases con estas palabras:**
divorciado, separada, casados, soltero, viudo.

1 Yo estoy ...., no estoy casado.

2 Mi abuelo está ...., mi abuela ya no vive.

3 Mi amigo está ...., antes estaba casado.

4 Mi vecina está ...., pronto estará divorciada.

5 Mis primos están ....

VERTICALES ▼ - **Completa las frases con estas palabras:**
edad, nombre, lugar, apellido, civil.

1 Mi .... es Pedro.

2 Mi segundo .... es Sánchez.

3 Soy de París, es mi .... de nacimiento.

4 Tengo 56 años de ....

5 Mi estado .... es casado.

4 **¿De dónde son estas calles? Mira en un buscador de internet y relaciona.**

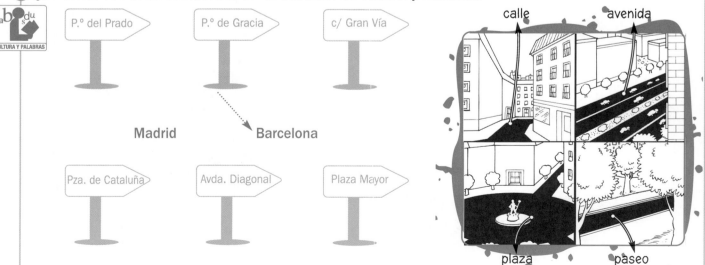

P.º del Prado   P.º de Gracia   c/ Gran Vía

Madrid   Barcelona

Pza. de Cataluña   Avda. Diagonal   Plaza Mayor

calle   avenida

plaza   paseo

5 a) Clasifica estas palabras en el grupo correspondiente.

clase　　(apellido)　　universidad　　edad　　biblioteca　　compañero　　nombre　　(silla)

pizarra　　dirección　　estantería　　lugar de nacimiento　　mapa　　(academia)　　colegio

(libro)　　bolígrafo　　director　　nacionalidad　　fotocopia　　estudiante　　armario　　diccionario

internet　　sexo　　lápiz　　instituto　　(profesor)　　papel　　mesa　　goma　　ordenador

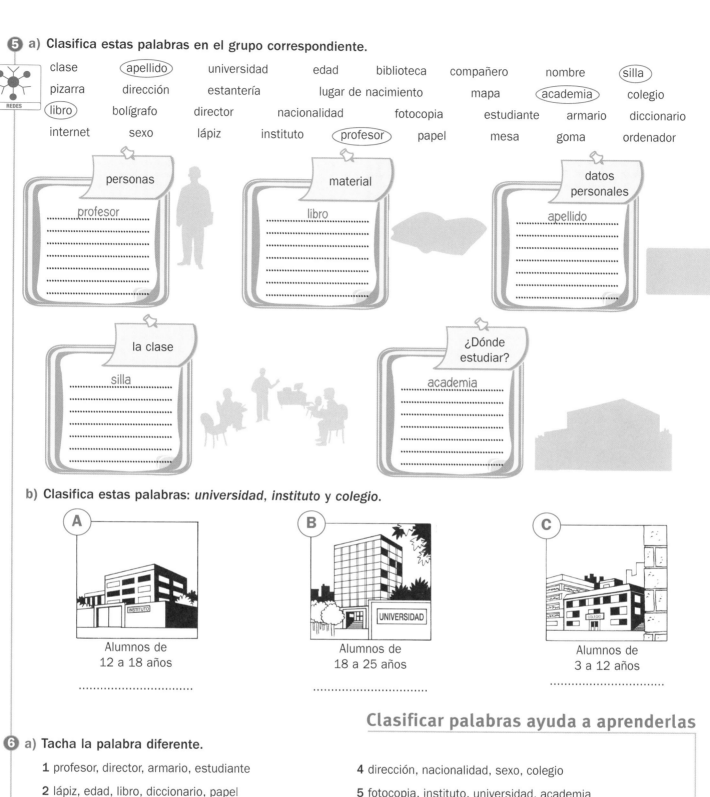

personas
.... profesor ....
....
....
....
....
....

material
.... libro ....
....
....
....
....
....

datos personales
.... apellido ....
....
....
....
....
....

la clase
.... silla ....
....
....
....
....
....

¿Dónde estudiar?
.... academia ....
....
....
....
....
....

b) Clasifica estas palabras: *universidad*, *instituto* y *colegio*.

A
INSTITUTO
Alumnos de
12 a 18 años
....

B
UNIVERSIDAD
Alumnos de
18 a 25 años
....

C
COLEGIO
Alumnos de
3 a 12 años
....

Clasificar palabras ayuda a aprenderlas

6 a) Tacha la palabra diferente.

1 profesor, director, armario, estudiante

2 lápiz, edad, libro, diccionario, papel

3 estado civil, ordenador, mapa, pizarra

4 dirección, nacionalidad, sexo, colegio

5 fotocopia, instituto, universidad, academia

6 estantería, nombre, silla, mesa

b) Busca las palabras tachadas en la sopa de letras (➤▼).

E	S	T	A	D	O	C	I	V	I	L
D	V	E	I	T	M	O	B	E	P	S
A	R	M	A	R	I	O	E	N	D	O
D	A	C	O	L	E	G	I	O	T	P
I	R	N	O	M	B	R	E	A	U	C
N	O	B	R	R	A	T	D	N	O	D
F	O	T	O	C	O	P	I	A	Y	T

7 **a)** Escucha y ordena.

b) Escucha otra vez y contesta.

1 ¿Las clases son por la mañana o por la tarde? .... de .... a ....

2 Las clases son ....

3 Los profesores son ....

8 **a)** Lee este texto. Busca tres datos falsos en la ficha.

Julio Sánchez Torres es chileno, casado y vive en Valencia, en la avenida España, 45, 3.º B. Es profesor de español y de francés en una academia de idiomas. Tiene 36 años.

Nombre: Jesús
Primer apellido: Sánchez
Segundo apellido: García
Sexo: hombre **Edad:** 36 años
Nacionalidad: argentina
Estado civil: casado
Profesión: profesor de español y francés
Dirección: Avda. España
Número: 45 **Piso:** 3.º B
Ciudad: Valencia
País: España

b) Completa esta ficha para matricularte en una escuela de español.

ACADEMIA HISPANA

Nombre: .... Primer apellido: .... Segundo apellido: ....

Nacionalidad: ....

Sexo: ...... hombre ...... mujer

Edad: .... años

Lugar de nacimiento: .... Fecha de nacimiento: ....

Dirección:

(calle, avenida, plaza, paseo): .... Número: .... Piso: ....

Ciudad: .... Código postal: .... País: ....

Correo electrónico: ....@.................................

Número de teléfono: ....

Móvil: ....

Lenguas que habla: ....

Nivel de español (bajo, alto): ....

FOTO

9 **a)** Escucha y contesta cómo suena el español. Elige (√) una imagen.

A

....

B

....

Grave

Agudo

b) ¿Y tu lengua?

....

c) Escucha y repite las palabras del glosario. El sonido del español es grave.

LA CLASE DE ESPAÑOL

1 ¿QUÉ HAY?

Armario, bolígrafo, diccionario, estantería, fotocopia, goma, lápiz, libro, mapa, mesa, ordenador, papel, pizarra, silla.

2 ¿QUÉ HACES?

Escribir, estudiar, hablar, matricularse.

3 ¿QUIÉN HAY?

Profesor, estudiante, compañeros, director.

4 DATOS PERSONALES PARA MATRICULARSE

Nombre, primer apellido, segundo apellido, sexo, edad, estado civil, lugar de nacimiento, fecha de nacimiento, dirección, calle, avenida, plaza, paseo, número, piso, ciudad, país, código postal, correo electrónico, número de teléfono, móvil, nacionalidad (alemán, chileno, español, japonés…), firma.

5 ¿DÓNDE?

Academia, colegio, instituto, universidad.

6 PARTES DE LA ACADEMIA

Biblioteca, clase, información.

7 ¿QUÉ TAL?

Bien, regular, mal.

8 EL LIBRO/ LA BIBLIOTECA ES... LOS COMPAÑEROS/ LAS CLASES SON...

bueno/-a/-os/-as, malo/-a/-os/-as, regular/-es, fácil, difícil.

d) Añade dibujos al lado de algunas palabras del glosario.

10 **a)** **Contesta a las preguntas.**

MI DICCIONARIO

1 ¿Sabes usar un diccionario? Ordena estas palabras alfabéticamente.

clase	goma	compañero	mesa	ciudad	lápiz	calle
armario	material	mapa	pizarra	ordenador	correo	edad

2 ¿Dónde está la palabra *chica*: en la C o en la CH?

3 ¿Dónde está la palabra *llave*: en la L o en la LL?

b) **Relaciona.**

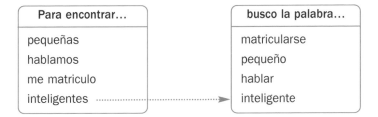

Para encontrar…	busco la palabra…
pequeñas	matricularse
hablamos	pequeño
me matriculo	hablar
inteligentes ·········→	inteligente

c) **Rodea una letra que solo existe en español.**

a b c d e f g h i j k l m n
ñ o p q r s t u v w x y z

> Buscamos los sustantivos y adjetivos en el diccionario en masculino singular: *libro*, *pequeño*, *inteligente*…
> Buscamos los verbos en el diccionario en infinitivo: *leer*, *estudiar*, *matricularse*.

11 **Contesta a las preguntas.**

AUTOEVALUACIÓN

1 ¿Qué material hay en tu clase? Escribe 5 palabras. ....

2 ¿Cómo es tu clase de español? Escribe 3 palabras. ....

3 ¿Cómo es el libro de español? ....¿Y el/la profesor/-a? ....

4 Escribe 8 datos personales. Nombre, ...

12 **Puedo hablar de mi clase y matricularme en un curso de español.**

Sí	Regular	Todavía no	
☺			Estudia el glosario. Repite actividades.

13 **Amplía tus conocimientos y practica con las actividades de la página 75.**

INTERNET

ESTA ES MI GENTE

¿CÓMO ES TU FAMILIA? ¿CÓMO ES TU CASA, QUÉ HAY EN ELLA?
¿PUEDES ENCONTRAR UNA FAMILIA PARA APRENDER ESPAÑOL?

Familia

1 a) Lee los textos, observa el árbol de la familia López y escribe quién habla.

1 Soy la madre de Juan, Ana y Miguel y la abuela de Belén, José, Laura y Javier. Tengo 72 años, soy española y mi marido es Rafael. ¿Quién soy?
....

2 Soy hijo de Rafael y Aurora, estoy soltero y tengo cuatro sobrinos: Belén, José, Laura y Javier. Tengo 42 años y vivo en Alicante. ¿Quién soy?
....

3 Tengo 7 años, mi abuelo se llama Rafael y mi padre Carlos. Mi hermano se llama Javier. Tengo dos primos, Belén y José. ¿Quién soy?
....

b) Observa el esquema de la familia y rodea la respuesta correcta.

1 Rafael y Aurora son los padres / (abuelos.)

2 Juan e Isabel están casados, son primo y prima / marido y mujer.

3 Laura y Belén son hermanas / primas.

4 Belén y José son hermanos / padres.

5 Ana y Carlos son los padres / hijos de Laura y Javier.

> padre + madre = padres
> abuelo + abuela = abuelos

c) ¿Cómo es tu familia? ¿Es pequeña o grande? Forma frases.

2 a) Relaciona.

Si yo soy tu...	tú eres mi...
1 tío/tía	a nieto/nieta.
2 abuelo/abuela	b hijo/hija.
3 padre/madre	c sobrino/sobrina.
4 primo/prima	d primo/prima.
5 hermano/hermana	e hermano/hermana.

b) Completa el crucigrama. Las palabras escondidas son otra forma de decir *madre* y *padre*.

1 Somos marido y ☐ _ j _ _.

2 La hermana de mi madre es mi _ _ ☐.

3 Somos tres _ _ _ ☐ _ _ _ _. Yo soy el mayor.

4 Mi ☐_ _ e _ _ tiene 92 años. Es la mayor de la familia.

5 Tu madre y mi madre son hermanas. Somos ☐_ _ m o _ .

6 Tengo un hijo de 9 años y una _ _ _ ☐ de 5 años.

7 Carlos no es su marido. Es su ☐_ _ _ j _. No están casados.

8 Padres + abuelos + hijos = _ ☐_ _ _ _ _ .

pareja

marido y mujer

sillón
radio
váter
lavabo
televisión
estantería
sofá

cam
duch
never
cocin
lavador
armari

Partes de la casa. Muebles y electrodomésticos

3 **a)** Observa la casa de la familia López y completa con estas palabras: ventana, salón, jardín, escaleras, garaje, baño, puerta, dormitorio, cuarto de estar y cocina.

1 La abuela Aurora está en el d........................ .

2 El nieto de Aurora, José, está en el c............ de ....

3 La nieta, Belén, está en el b........................ .

4 La madre está en el s........................ .

5 El padre está en el g................ cerca de la p............ .

6 El perro está en el j......................... .

7 El gato está en las e......................... .

8 El abuelo está en la c............, al lado de la v............ .

b) Observa la imagen y contesta verdadero (V) o falso (F).

	V	F			V	F
1 El váter está en la cocina.	☐	☒	**4** El sofá está en el salón.		☐	☐
2 Las sillas y la mesa están en el cuarto de estar.	☐	☐	**5** La lavadora está en el baño.		☐	☐
3 La ducha está en el cuarto de estar.	☐	☐	**6** El lavabo está en el dormitorio.		☐	☐

4 **a)** Relaciona los anuncios con el tipo de casas: apartamento, piso o chalé.

1

SE VENDE

Se vende ....
grande, de 120 m²: 3
dormitorios, salón, cocina
y baño, muy bonito, en el
centro de Oviedo.
Tel. 98 568 98 33.

2

SE VENDE

Se vende ....
amueblado: 1 dormitorio,
salón, cocina y baño, en
el centro de Segovia.
Ocasión.
Tel. 921 35 67 55.

3

SE VENDE

Se vende ....
a las afueras de Sevilla.
Tiene 5 dormitorios, 3
baños, garaje,
jardín, piscina y terraza.
Tel. 678 56 77 88.

b) Elige la respuesta correcta.

1 Un piso normal para una familia en una ciudad tiene:
a ☐ un dormitorio
b ☐ cinco dormitorios
c ☐ dos o tres dormitorios

2 Habitualmente los chalés están:
a ☐ en las afueras de la ciudad
b ☐ en el centro de la ciudad
c ☐ a 2 km del centro

en las afueras

en el centro

5 a) Observa la casa de la familia López y clasifica estas palabras en el esquema.

la mesa	la nevera	la lavadora	el sofá	el lavabo
la silla	la radio	la estantería	la cama	la cocina
el sillón	la ducha	la televisión	el váter	el armario

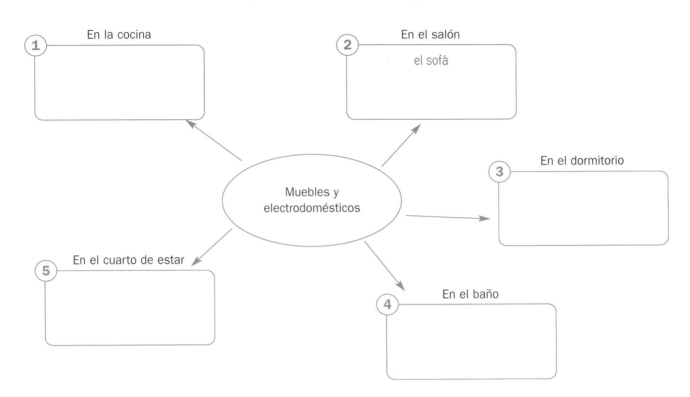

En la cocina
1

En el salón
2
el sofá

En el dormitorio
3

En el cuarto de estar
5

Muebles y electrodomésticos

En el baño
4

b) ¿Cómo es tu casa? ¿Qué hay en ella? Elige las palabras adecuadas y completa las frases.

Mi casa es un piso / apartamento / chalé grande/pequeño. Está en el centro / en las afueras de la ciudad.

Tiene .... dormitorios. En el salón hay ....

En la cocina hay ....

Asociar palabras a un lugar ayuda a aprenderlas

6 a) Observa la imagen de la casa durante dos minutos. Lee estas frases y encuentra dos falsas.

1 La nieta está en el baño.

2 El gato está en el jardín.

3 El nieto está sentado en la silla, en el cuarto de estar.

4 La abuela Aurora está en la cama, en el dormitorio.

5 La madre está sentada en el sofá, en el salón.

6 El abuelo está cerca de la nevera, en la cocina.

7 El padre está en el garaje.

8 El perro está en el salón.

b) ¿Dónde está tu familia? Relaciona y construye frases verdaderas.

A las 9 de la mañana	mi padre/madre mis abuelos mi hermano/hermana		en la cocina. en el dormitorio. en el cuarto de estar.
A las 15.00 h	mis hermanos	está	en el baño.
	mi marido/mujer	están	en el salón.
A las 21.00 h	mi hija/hijo mi perro		en el garaje. en el jardín.

7 a) Observa y escribe frases.

en el centro, en las afueras, a 100 metros de la estación de tren, a 2 km del metro, cerca de la academia... → VIVIR → solo/-a, con la familia, con los padres...

en un apartamento/piso/chalé

Mi hermano vive solo. Mi primo vive con mis tíos en el centro. ....

Mi .... vive ....

Mis .... viven ....

b) Escucha y escribe quién vive en cada casa.

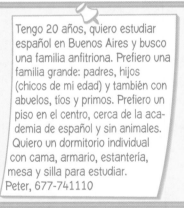

A ....

B ....

C ....

8 a) Lee la nota y elige (√) la imagen correcta.

Tengo 20 años, quiero estudiar español en Buenos Aires y busco una familia anfitriona. Prefiero una familia grande: padres, hijos (chicos de mi edad) y también con abuelos, tíos y primos. Prefiero un piso en el centro, cerca de la academia de español y sin animales. Quiero un dormitorio individual con cama, armario, estantería, mesa y silla para estudiar.
Peter, 677-741110

A ....

B ....

b) ¿Buscas una familia para vivir en España o en Hispanoamérica? Completa.

Solicitud de familia anfitriona

1 Datos personales:

Nombre: .... Apellidos: .... Edad: .... Nacionalidad: ....

2 Datos de la familia anfitriona:

¿Pequeña o grande? .... ¿Con hijos? .... Edades: .... ¿Con animales? ....

3 En: País: .... Ciudad: ....

4 Tipo de casa: ⬭ piso   ⬭ apartamento   ⬭ chalé
⬭ nuevo   ⬭ viejo

Número de habitaciones: .... dormitorios + ... (salón, cocina, baño, terraza, jardín, garaje)

¿En el centro o en las afueras? .... a .... metros/kilómetros de ....

Cerca de ....

9 a) Escucha y repite este fragmento de un poema de Francisco de Quevedo.

AUDIO
15, 16

GLOSARIO

[...]
su cuerpo dejarán, no su cuidado;

serán ceniza, mas tendrán sentido;

polvo serán, mas polvo enamorado.

Francisco de Quevedo:
Amor constante más allá de la muerte

b) ¿Dónde está la lengua al hablar español: delante (A) o en el centro (B)? Elige (√) una imagen.

A
....

lengua

B
....

c) Escucha y repite las palabras del glosario. Importante: la lengua está en el centro de la boca, no delante.

1 ¿QUIÉN ES?

Es mi padre, madre,
marido, mujer, tío/-a,
hermano/-a, abuelo/-a,
hijo/-a, primo/-a,
sobrino/-a, nieto/-a...
Son mis padres,
abuelos, tíos...
Es mi pareja;
papá, mamá...
Es el mayor de la familia.

2 ¿DÓNDE VIVE?

En un apartamento,
un chalé, un piso...

3 PARTES DE LA CASA

Baño, cocina,
cuarto de estar, dormitorio,
escaleras, garaje, jardín,
puerta, salón, ventana...

4 ¿QUÉ HAY?

Electrodomésticos:
cocina, lavadora, nevera,
radio, televisión...

ESTA ES MI GENTE

8 VIVO...

solo/-a, con mi pareja,
con mis padres,
a 2 km de...,
a 100 m de...,
cerca de ≠ lejos de...,
con una familia anfitriona.

7 SOMOS UNA FAMILIA...

grande ≠ pequeña,
con perro, gato...

6 ¿DÓNDE?

En el centro de la ciudad
≠ en las afueras.

5 MUEBLES

Armario, cama, ducha,
estantería, lavabo, mesa,
silla, sillón, sofá, váter...

d) Piensa en más palabras y añádelas a los grupos del glosario.

10 a) Algunas palabras tienen varios significados. ¿Qué significa *madre* en esta oración?

Mi madre se llama Ana y vive con mi padre en un apartamento en Segovia.

• Elige (√) una imagen para contestar a la pregunta.

(A) [........]

(B) [........]

b) Busca en el diccionario las palabras *piso* y *casa*. Asocia las imágenes con las frases.

(A) [........]

PISO

1 El edificio tiene nueve pisos, yo vivo en el segundo.

2 Mi piso tiene tres dormitorios y dos baños.

(C) [........]

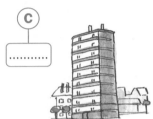

(B) [........]

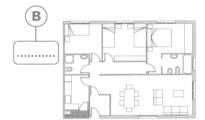

CASA

1 Trabaja en una casa de automóviles.

2 Tienen una casa muy bonita en el campo.

(D) [........]

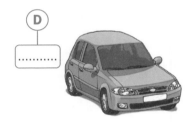

Para buscar en el diccionario:
1.º Lee la oración.
2.º Imagina el significado de esa palabra.
3.º Comprueba el significado en el diccionario.

11 ¿Tú vives en un piso? ¿Cómo es? ¿Qué tiene?

....

• ¿Cómo es la casa de tus padres? ¿Y la de tus tíos o abuelos?

....

12 ¿Vives en el centro o en las afueras?

.... a .... metros de .... y a............ kilómetros de ....

13 Puedo hablar de mi familia y de mi casa.

Sí   Regular   Todavía no

Estudia el glosario.
Repite actividades.

14 Amplía tus conocimientos y practica con las actividades de la página 75.

AGENDA

LLUVIA DE PALABRAS

GLOSARIO

¿PUEDES VIAJAR Y HABLAR EN ESPAÑOL?
¿PUEDES ELEGIR ALOJAMIENTO Y TRANSPORTE EN UNA AGENCIA DE VIAJES?

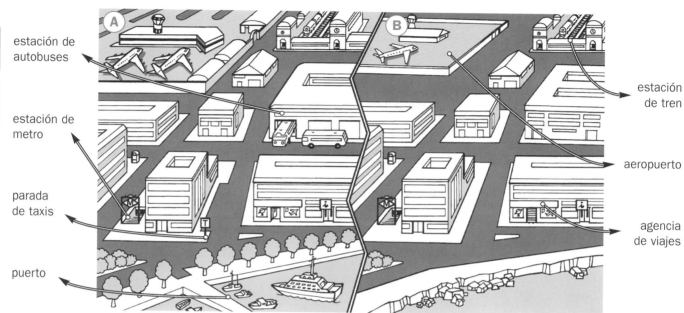

estación de autobuses

estación de metro

parada de taxis

puerto

estación de tren

aeropuerto

agencia de viajes

Medios de transporte

1 a) ¿Son iguales las imágenes? Escribe cinco diferencias.

1 En B el aeropuerto es pequeño.

2 ....

3 ....

4 ....

5 ....

b) Lee estas frases, observa las imágenes y relaciona.

1 Estoy en el aeropuerto, en salidas, voy en…

2 Tu amiga y tú estáis en el puerto, vais en…

3 Beatriz y yo estamos en la estación de tren, vamos en…

4 Tú estás en la estación de metro, vas en…

5 Los chicos están en la estación de autobuses, al lado de salidas, van en…

6 Estoy en la parada de taxis, busco un…

7 Julián está en la oficina de turismo, va…

avión   tren   metro

autobús   taxi

barco   andando/a pie

2 Completa el crucigrama.

HORIZONTALES ➤

1 En el puerto hay un .... inglés y muchos españoles.

2 Los aviones están en el ....

3 El .... va por debajo de la ciudad.

4 El autobús sale de la .... de autobuses.

VERTICALES ▼

1 Mi .... es pequeño y azul.

2 Los .... de Algeciras y Barcelona son muy importantes.

3 Coche, tren, avión, autobús, etc. son .... de transporte.

SALIDAS ←

LLEGADAS →

ADUANA

3 **a)** Lee la postal. Sustituye las imágenes por estas palabras: *pueblo, camping, mar, playa, vacaciones, estrellas, habitación, campo, hotel, insectos, montaña, río* y *plantas*.

Querida Sofía:

¿Qué tal? Estoy de v................... . Hemos viajado en avión y estamos en Tenerife en la p................ . El m........... es muy bonito y el h............... es de cuatro ★ ★ ★ ★ e................ , la h................. es muy grande. Juan quiere ir también al c.............. o a la m..................... , a un c.................... , pero yo odio los i.................. y las p.................. .

¿Qué tal tú? ¿Estáis cerca de Zaragoza, del r................. Ebro o en el p.................. con tus padres?

Un beso y hasta pronto,

María

Sofía Muñoz

c/ Laguna, n.º 200

28025 Madrid

Viajes

b) Completa y escribe oraciones.

Yo Mi	quiero quiere	ir de vacaciones	al campo	pero	Carlos	quiere ir	a la montaña. ....

4 **a)** Busca en internet "aeropuertos del mundo" y relaciona estos con su ciudad.

1 Aeropuerto Internacional de la Ciudad de México (MEX)
2 Aeropuerto Internacional José Martí (HVA)
3 Aeropuerto de Madrid-Barajas (MAD)
4 Aeropuerto Internacional Ezeiza, Ministro Pistarini (EZE)

a La Habana
b Madrid
c Buenos Aires
d México

b) ¿Aviones o trenes? Subraya las palabras relacionadas con trenes.

RENFE   Iberia   AVE   FF. CC.   Aerolíneas Argentinas

c) ¿Sabes coger un taxi en España? Contesta verdadero (V) o falso (F).

	V	F
1 Tienen precio fijo (=siempre el mismo precio).	☐	☐
2 Son más caros desde estaciones y aeropuertos.	☐	☐
3 Se levanta la mano en la calle para llamarlos.	☐	☐
4 Se cogen en cualquier calle o parada de taxis.	☒	☐
5 Son más caros de noche.	☐	☐

caro

barato

5 **a)** Me recuerda a... Escribe las palabras *playa*, *plantas*, *montaña*, *río*, *pueblo*, *mar*, *camping*, *vacaciones*, *viaje*, *insectos*, *aeropuerto* y *estación de tren* debajo de estas imágenes. Añade nombres de ciudades, amigos...

REDES

maleta

mochila

plano, mapa

....
....

....
....

....
....

....
....

....
....

....
....

....
....

b) Haz dos dibujos en los recuadros en blanco de la actividad anterior y añade más palabras de la unidad.

Asociar palabras a recuerdos personales ayuda a aprenderlas

6 Observa las imágenes y escribe las palabras *hotel*, *habitación* y *billetes* en el grupo correspondiente.

1

2

3

comprar

con teléfono

de 3 estrellas

de ida

con baño

en la playa

de ida y vuelta

con televisión

en el campo

simple ≠ doble

en la montaña

con aire acondicionado

7 **a) Escucha y completa la conversación.**

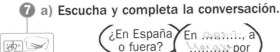

¿En España o fuera?

En ...., a .... por ejemplo.

¿Quiere ir en avión, en tren o en autobús?

....

Hay uno por la mañana, a las 10.30 h y otro a las 14.40 h.

Prefiero ...., a las 10.30 h.

¿Un billete solo de ida?

No, ...

¿Una habitación ....?

No, ..., con baño, televisión y teléfono.

b) Elige (√) el resumen correcto.

1 Alberto quiere ir a la playa en tren y por la mañana. Quiere un hotel de dos estrellas y una habitación simple con televisión, baño y teléfono.

2 Alberto quiere ir a la playa en avión y por la mañana. Quiere un hotel de tres estrellas y una habitación simple con televisión, baño y teléfono.

• **¿Y tú? ¿Qué viaje quieres hacer?**

8 **Elige uno de estos dos viajes y completa la postal electrónica con la información correspondiente.**

Querido Paco:

Nuestras vacaciones han sido 1 horribles/buenísimas. Hemos ido 2 a Ciudad de México / a la playa y el tiempo ha sido 3 bueno/malo. Había 4 muchos/pocos turistas y era 5 poco/muy divertido.

¡Las próximas vacaciones 6 volvemos a esta ciudad / nos vamos a otro sitio!

Un beso de tus amigos,

Javier y Carla

9 a) Contesta: ¿cómo se pronuncia el español? ¿Se mueve mucho la mandíbula? Elige (√) una imagen.

A ....

B ....

• ¿Y al hablar tu lengua?

....

b) Escucha y repite el poema delante de un espejo. ¿Se mueve mucho la mandíbula?

> Volverán las oscuras golondrinas
> en tu balcón sus nidos a colgar,
> y, otra vez, con el ala a sus cristales
> jugando llamarán.
>
> Gustavo Adolfo Bécquer:
> *Volverán las oscuras golondrinas*

c) Escucha y repite el glosario. Importante: mueve mucho la mandíbula.

1 ¿CÓMO?
Andando/a pie.
Ir/viajar en autobús,
avión, barco, coche,
metro, taxi, tren.

2 DESDE...
el aeropuerto,
la estación de autobuses,
la estación de tren,
la parada de autobuses,
la parada de taxis, el puerto,
salidas, llegadas, aduana...

3 EN TAXI
Caro ≠ barato,
no tienen precio fijo,
no tienen ruta fija,
se levanta la mano
para llamarlos.

4 ¿DÓNDE?
Campo, mar, montaña,
pueblo, playa, río...

5 ¿QUÉ HAY?
Hoteles, insectos,
mar, plantas,
playa, turistas...

6 NECESITAS...
maleta, mapa, mochila, plano,
billete de ida,
comprar un billete.

7 ¿QUÉ TAL LAS VACACIONES / EL VIAJE?
Bien, mal, regular.
Buenísimas ≠ horribles.

8 ¿DÓNDE DUERMES? EN...
un camping,
un hotel,
una habitación simple,
una habitación doble,
con aire acondicionado,
con baño, con teléfono,
con televisión...

VIAJES

d) Escribe al lado de las palabras del glosario nombres de lugares importantes para ti.

Estación de tren: *Atocha y Chamartín (Madrid).*

Estación de autobuses: *Sants (Barcelona).*

Billete de ida y vuelta: *Caracas-Quito-Caracas (Venezuela-Ecuador-Venezuela).*

10 **a)** Lee este anuncio de un viaje a Mallorca. ¿Qué palabras quieres buscar en el diccionario? Anota su significado.

MALLORCA 8 DÍAS OFERTA OCTUBRE

20% de descuento (ya incluido en precio final)
Salidas desde Valencia, desde solo 250 €

Esta oferta incluye:
- precio por persona en habitación doble
- vuelo de ida y vuelta
- alojamiento 7 noches en pensión completa
- traslados aeropuerto-hotel-aeropuerto
- tasas de aeropuerto

b) Relaciona estas palabras con su significado.

1 Oferta	a desayuno, comida y cena en el hotel
2 Traslados	b viaje de un sitio a otro
3 Pensión completa	c precio más barato
4 Tasas	d dinero que pagamos, impuestos

> No buscamos todas las palabras desconocidas en el diccionario. Hay que elegir las más importantes.

11 Observa la imagen y elige (√) la respuesta correcta.

1 María quiere ir:
a ◯ al campo   b ◯ a la montaña   c ◯ a la playa

2 Lleva:
a ◯ maleta   b ◯ mochila   c ◯ mapas

3 ¿Cuándo?
a ◯ En julio   b ◯ En agosto   c ◯ En septiembre

4 Va en:
a ◯ tren   b ◯ barco   c ◯ avión

5 Sale:
a ◯ del puerto   b ◯ de la estación de tren   c ◯ del aeropuerto

6 De:
a ◯ salidas   b ◯ llegadas   c ◯ aduana

7 Busca un:
a ◯ hotel de 5 estrellas   b ◯ hotel de 2 estrellas   c ◯ camping

12 Puedo viajar y entender carteles en español. Puedo elegir hotel y medio de transporte en una agencia de viajes.

Sí   Regular   Todavía no

Estudia el glosario.
Repite actividades.

13 Amplía tus conocimientos y practica con las actividades de la página 75.

7 MI CIUDAD

¿CONOCES LOS SERVICIOS DE TU CIUDAD: POLICÍA, CORREOS, BANCOS...?
¿PUEDES DAR INDICACIONES PARA LLEGAR A ESTOS SITIOS?

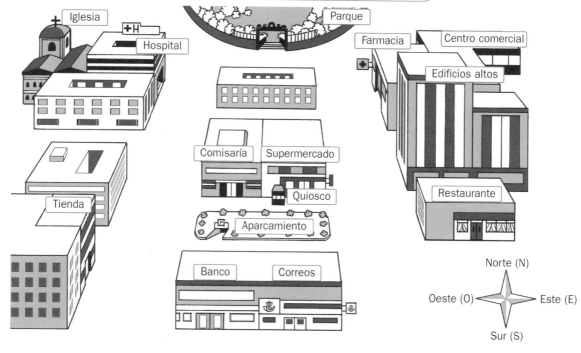

Servicios y tiendas de la ciudad

1 a) Observa la imagen, lee estas frases y escribe en el plano los nombres de las calles.

Hay un parque en la calle Cervantes.

Hay un aparcamiento en la plaza de España.

Hay un hospital en la calle de la Hispanidad.

Hay una farmacia en la calle Salvador Dalí.

Hay una comisaría de policía en la calle Bolivia.

Hay un restaurante italiano en la calle Mayor.

Hay un banco en la calle Alcalá.

Hay una iglesia en la calle Corazón de María.

sinanoga

mezquita

b) ¿Tú dónde vives? Completa con tus datos.

Vivo en .... , en la calle .... cerca de .... y de .... y lejos de ....

2 ¿Dónde? Busca los establecimientos y lugares para comprar estas cosas y realizar estas acciones. Resuelve la sopa de letras (➤ ▼).

S	U	T	Y	F	A	R	W	P	R	B	O
E	S	R	E	A	M	E	D	I	V	R	R
L	U	A	F	R	C	R	A	H	X	A	P
T	P	C	L	M	I	G	L	A	A	O	A
R	E	S	T	A	U	R	A	N	T	E	R
B	R	O	O	C	F	O	T	V	V	A	Q
A	M	B	U	I	V	A	N	C	O	S	U
C	E	I	L	A	T	E	N	I	D	D	E
R	R	I	L	M	A	Í	A	I	L	O	P
E	C	O	R	R	E	O	S	T	H	I	N
I	A	G	E	D	P	L	I	A	A	N	S
P	D	L	I	C	A	I	O	L	F	A	C
P	O	L	I	C	Í	A	E	M	O	B	O

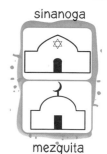

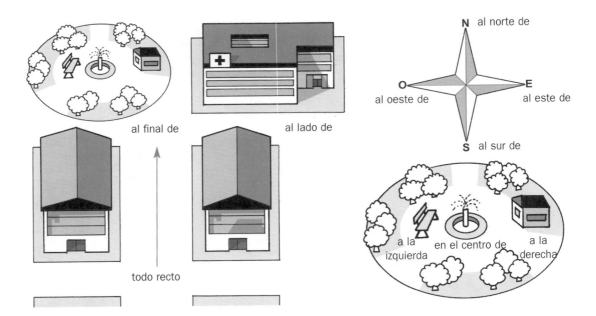

al final de

al lado de

N al norte de

O al oeste de — E al este de

S al sur de

todo recto

a la izquierda — en el centro de — a la derecha

Indicaciones en la ciudad

3 **a)** **Observa el plano de la página anterior. ¿Adónde va Pedro?**

1 Al lado de la farmacia: .....al centro comercial....... .

2 Al final de la calle de la Hispanidad: ....

3 A la derecha de la plaza de España: ....

4 Al lado del hospital: ....

5 Lejos del centro, al norte de la ciudad: ....

6 Cerca de los edificios altos y al lado del quiosco: ....

7 Al sur de la ciudad, al lado de correos: ....

8 A un edificio a la izquierda del quiosco: ....

b) **¿Cómo es tu ciudad? Lee este texto y escribe uno parecido en tu cuaderno.**

Mi ciudad se llama Villa Hermosa, es antigua, con mucha historia. Es pequeña, limpia, bonita y está al lado de las montañas. Es una ciudad muy barata y con pocos coches. Tenemos tiendas pequeñas, correos, farmacia y varios quioscos y bancos. No hay hospital ni centro comercial, pero hay una ciudad cerca con todo eso.

limpio ≠ sucio — antiguo

4 **Observa estas ciudades Patrimonio de la Humanidad. ¿Están en España o en Hispanoamérica?**

CULTURA Y PALABRAS

A

Córdoba
España

B

Cuzco
....

C

La Habana
....

D

Ávila
....

E

Puebla
....

F

Quito
....

5 Forma frases en tu cuaderno con las palabras siguientes.

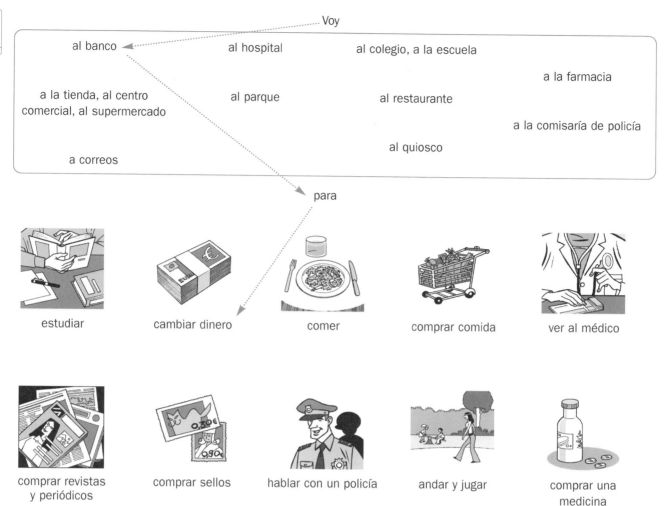

Voy

al banco · · · · · · · al hospital · · · · · · · al colegio, a la escuela

a la farmacia

a la tienda, al centro comercial, al supermercado · · · · · · · al parque · · · · · · · al restaurante

a la comisaría de policía

al quiosco

a correos

para

estudiar · · · · · · · cambiar dinero · · · · · · · comer · · · · · · · comprar comida · · · · · · · ver al médico

comprar revistas y periódicos · · · · · · · comprar sellos · · · · · · · hablar con un policía · · · · · · · andar y jugar · · · · · · · comprar una medicina

Voy al banco para cambiar dinero.

Asociar palabras a su finalidad ayuda a aprenderlas

6 a) ¿Sabes formar familias de palabras? Escribe el verbo.

Sustantivo	Verbo
aparcamiento	....
cambio (de dinero)	....
comida	....
compra	...........comprar...........
juego	....
vivienda	....
viaje	....

b) Relaciona con el opuesto.

1 bonita
2 comprar · · · · · · ·
3 ir
4 limpio
5 antigua
6 caro

a venir
b sucio
c vender
d barato
e moderna
f fea

7 a) Ordena estas sílabas y forma palabras.

RO PRI ME → ......primero...... 1°

DO GUN SE → .... 2°

RO CE TER → .... 3°

TO CUAR → .... 4°

TO QUIN → .... 5°

b) Escucha y marca el camino. Escribe el nombre del lugar adonde llega Mario.

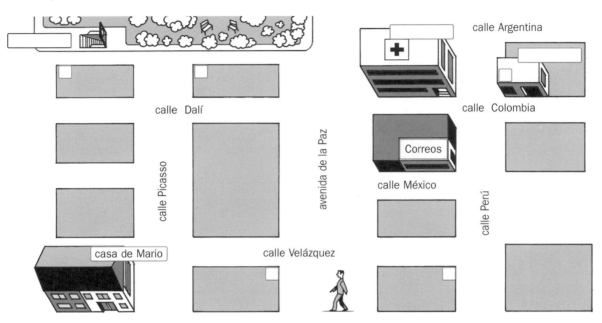

8 a) Mario se va de viaje y necesita algunas cosas. Lee su nota y escribe dónde tiene que ir.

Necesito:
sellos
fruta
una medicina para la tos
comprar una revista
cambiar dinero

Mario tiene que ir…
a Correos
....
....
....
....

b) Lee estas indicaciones y señala en el mapa de 7b la ubicación de los siguientes establecimientos desde la casa de Mario. Escribe el número en el mapa.

1 La farmacia está un poco lejos: todo recto hasta el final de la calle Velázquez, después todo recto hasta el final de la calle Perú.

2 El supermercado está en la avenida de la Paz. Desde casa de Mario, la segunda a la izquierda.

3 La comisaría de policía está lejos de la casa de Mario, al final de la calle Picasso, cerca del parque.

4 El quiosco está cerca del parque: la segunda a la izquierda y después todo recto hasta el final de la calle.

5 El banco está cerca de su casa, al final de la calle Velázquez.

c) Informa cómo ir a estos sitios. Contesta a las preguntas.

1 Por favor, ¿para ir a la calle Colombia? ....

2 Por favor, ¿para ir a la calle Dalí? ....

3 Por favor, ¿para ir a la calle México? ....

4 Por favor, ¿para ir a la calle Argentina? ....

9 **a)** Reflexiona y contesta qué se dice en español en las pausas, al parar de hablar para pensar. Elige (√) dos alternativas.

AUDIO
21, 22

GLOSARIO

1 ⬭ er   **2** ⬭ euh   **3** ⬭ mmm   **4** ⬭ eeh   **5** ⬭ also/ja

b) Escucha ahora a estos estudiantes de español. ¿Qué dicen en las pausas?

1 La estudiante inglesa dice ....

2 El estudiante alemán dice ....

3 La estudiante francesa dice ....

c) Practica. Lee esta oración con pausas en español.

Yo pienso… que el español… es… muy alegre.

d) Escucha y repite las palabras del glosario. Importante: si paras para pensar, utiliza *mmm* o *eeh*.

2
POR FAVOR, ¿PARA IR A LA CALLE…?

A la derecha, a la izquierda,
todo recto,
al lado de…,
al final de la calle…,
al norte/sur/este/oeste de…,
cerca de ≠ lejos de…,
en el centro de…,
la primera/segunda/tercera/
cuarta/quinta calle a la derecha,
la segunda a la izquierda…

1
¿QUÉ HAY?

Aparcamiento, banco,
centro comercial,
comisaría de policía,
correos, edificios altos,
farmacia, hospital,
parque,
quiosco, restaurante,
supermercado, tienda.

MI CIUDAD

3
¿PARA QUÉ VAS A…?

Para andar y jugar,
para cambiar dinero,
para comer,
para comprar comida,
para comprar una medicina,
para comprar revistas y
periódicos,
para comprar sellos,
para estudiar,
para ver al médico…

5
ES FAMOSA…

por su plaza Mayor,
sus calles, su iglesia,
su mezquita…
Porque es Patrimonio
de la Humanidad.

4
¿CÓMO ES?

Antigua ≠ moderna,
bonita ≠ fea,
cara ≠ barata,
grande ≠ pequeña,
limpia ≠ sucia.

e) Añade palabras al glosario.

10 **a)** Toledo es una ciudad Patrimonio de la Humanidad. Busca en un diccionario bilingüe estas palabras que aparecen en muchas descripciones de esta ciudad. Escribe su traducción.

riqueza ....

monumento ....

cultura ....

casco antiguo ....

museo ....

aire libre ....

- ¿Qué significa "riqueza monumental"?
....

b) Intenta leer un texto más complejo. Subraya los sustantivos y verbos.

"Toledo es una de las ciudades españolas con mayor riqueza monumental. Conocida como "ciudad de las tres culturas", debido a la convivencia durante siglos de cristianos, árabes y judíos, Toledo conserva tras sus murallas un legado artístico y cultural en forma de iglesias, palacios, fortalezas, mezquitas y sinagogas. Esta gran diversidad de estilos artísticos convierte el casco antiguo de la capital manchega en un auténtico museo al aire libre, hecho que ha permitido su declaración como Patrimonio de la Humanidad."

<http://www.spain.info/TourSpain/Destinos>, 19 de mayo de 2008

c) Elige (√) el resumen correcto.

1 ☐ Toledo es una ciudad con muchos monumentos bonitos. Es la ciudad de las tres culturas: han vivido en ella cristianos, árabes y judíos. El casco antiguo es como un museo al aire libre con importantes iglesias, mezquitas y sinagogas.

2 ☐ Toledo es una ciudad cara con edificios y murallas antiguos, palacios, mezquitas y sinagogas. Hay tres zonas: cristiana, árabe y judía. Hay museos al aire libre y es Patrimonio de la Humanidad.

> En textos más complejos, busca pocas palabras en el diccionario para entender solo las ideas importantes.

Autoevaluación

11 Mira las imágenes y contesta: ¿lo hace Rubén o Sara?

1 Va al colegio: Rubén ....

2 Va a correos: ....

3 Va al médico: ....

4 Va al parque: ....

5 Va a comer a un restaurante: ....

Rubén   Sara

12 ¿Cómo son algunas ciudades? Escribe frases con estas palabras: *limpia, sucia, grande, pequeña, cara, barata, bonita, fea.*

1 ....

2 ....

3 ....

13 Conozco los servicios y tiendas de una ciudad. Puedo preguntar por un sitio de una ciudad en español.

Sí   Regular   Todavía no

Estudia el glosario.
Repite actividades.

14 Amplía tus conocimientos y practica con las actividades de la página 75.

UNA FIESTA DE CUMPLEAÑOS

AGENDA

LUVIA DE PALABRAS

GLOSARIO

¿CÓMO ERES: SIMPÁTICO, TÍMIDO...? ¿QUÉ ROPA LLEVAS?
¿PUEDES COMPRAR REGALOS PARA UNA FIESTA DE CUMPLEAÑOS?

FELIZ CUMPLEAÑOS, EVA

Carácter. Ropa

1 a) Lee estas frases y escribe en la imagen los nombres de los invitados de Eva.

Jorge es el novio de Eva. Es alto y rubio y lleva unos vaqueros y una camiseta azul.

Marta es la hermana de Eva. Es baja y rubia. Lleva un abrigo y una falda larga.

José Luis es el jefe de Eva. Es un poco gordo. Lleva unos pantalones oscuros y una camisa clara.

Marisa es la vecina de Eva. Es morena, con gafas. Lleva una falda corta y zapatillas de casa.

Sara es una amiga de Eva. Es alta y tiene los ojos verdes. Lleva unos zapatos de tacón, vaqueros y un jersey claro.

b) Imagina cómo son. Relaciona y forma frases.

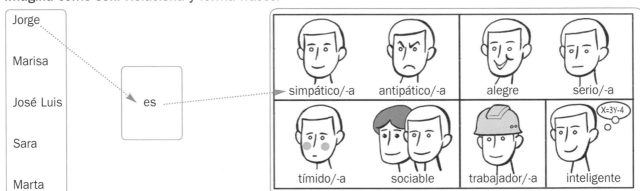

Jorge

Marisa

José Luis

Sara

Marta

es

simpático/-a   antipático/-a   alegre   serio/-a

tímido/-a   sociable   trabajador/-a   inteligente

2 Ordena estas frases y busca un color con la primera letra de cada oración.

1 días, quería falda una favor por roja Buenos ← ☐ ....
2 vaqueros largos azules Los son ← ☐ ....
3 ¿o marrón Azul? ← ☐ ....
4 abrigo quiero No un verde ← ☐ ....
5 ¿favor cuesta, por Cuánto? ← ☐ ....
6 euros Ochenta ← ☐ ....

largo

corto

3 a) Completa con estas palabras: *cartera, bolso, ropa, reloj, móvil, gafas de sol, ordenador, secador, zapatos de tacón.*

A
r o p a

B
o _ _ _ _ _ _ _ _

C
m _ _ _ _

D
g _ _ _ _ _ _ _ _ _

E
r _ _ _ _

F
z _ _ _ _ _ _ _ _ _ _ _ _ _

GRANDES ALMACENES LA SUPERMODA

Planta 1		Complementos y regalos
Planta 2		Niños
Planta 3		Señoras y caballeros
Planta 4		Electrónica
Planta 5		Muebles y electrodomésticos
Planta 6		Zapatería
Planta 7		Cafetería

H
b _ _ _ _

I
s _ _ _ _ _ _

G
c _ _ _ _ _ _

Colores. Regalos

b) Relaciona cada regalo con una planta de estos grandes almacenes.

c) Observa y tacha el error.

A
El sol es amarillo.

B
El tomate es rojo.

C
El mar es azul.

D
El árbol es verde.

E
La naranja es negra.

F
El chocolate es marrón.

d) Escucha y escribe qué han comprado los amigos y familiares de Eva.

Jorge: ....   Marisa: ....   José Luis: ....

Sara: ....   Marta: ....

AUDIO
23

4 Elige (√) la respuesta correcta.

1 Hay una fiesta en casa de María, es su cumpleaños.

a ▢ Al llegar le das el regalo.   b ▢ Le das el regalo al final de la fiesta.

• **Ella lo abre:**

c ▢ Otro día.   d ▢ En ese momento.

• **Ella dice "Gracias, es muy bonito, ¡es demasiado!". Tú contestas:**

e ▢ ¡Qué va, si no es nada!   f ▢ Sí, es de buena calidad.

2 Es tu cumpleaños y estás en el trabajo en España. Todos te dicen:

a ▢ ¡Enhorabuena!   b ▢ ¡Felicidades!

• **A las 11 h, en la cafetería:**

c ▢ Tú pagas los cafés de los compañeros.   d ▢ Tú pagas una comida a los compañeros.

5 **a)** Observa la parte final de las palabras y forma parejas.

vaqueros	jerséis	camisetas
camisa	falda	abrigo

caros	azules	naranjas
amarilla	corta	barato

.... vaqueros caros ....

....

....

b) Añade palabras y forma nuevas parejas.

simpática   antipáticos   inteligente   trabajadora   alegre   serios   tímida   sociable

.... señor inteligente ....

....

....

Aprender la gramática de las palabras ayuda a hablar correctamente

6 **a)** Clasifica estas palabras.

simpático   antipático   inteligente   trabajador   alegre   serio   tímido   sociable

¿Cómo es?	
+ (positivo)	- (negativo)
simpático	

b) Busca palabras de esta unidad.

trbljointeligentemplipralegrelazxcitímidajactiplsociableñ ncasimpáticasjm

• Forma frases con las palabras encontradas.

....

....

....

....

....

7 **a)** Lee y aprende los números.

100 cien	**400** cuatrocientos/-as	**1000** mil
101 ciento uno	**500** quinientos/-as	**2000** dos mil
102 ciento dos	**600** seiscientos/-as	**3000** tres mil
120 ciento veinte	**700** setecientos/-as	...
200 doscientos/-as	**800** ochocientos/-as	**15 000** quince mil
300 trescientos/-as	**900** novecientos/-as	...

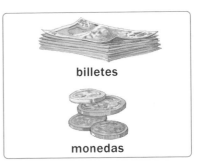

billetes

monedas

1 euro (€) = 100 céntimos

b) Escucha y completa los precios de este catálogo.

60 €

30 €

25 €

4

5

8 **a)** Lee este diálogo en una tienda de ropa. Subraya los colores y rodea la ropa.

.... • Buenos días.
.... • Buenos días, ¿qué quería?
.... • No sé, estoy mirando, gracias.

.... • ¿Cuánto cuesta este pantalón azul?
.... • 45 €, es de buena calidad.
.... • ¿No hay negro o marrón?
.... • A ver, un momento, aquí está. ¿Qué talla tiene?
.... • La 44, por favor. ¿Puedo probármelo?
.... • Sí, claro, allí a la derecha.

.... • ¿Qué tal el pantalón?
.... • Un poco largo, no estoy muy segura. ¿Tienen algún abrigo marrón?
.... • Marrón no tenemos, tenemos blanco y negro.
.... • Ya, bueno... ¿A qué hora cierran?
.... • A las ocho y media.
.... • Luego vuelvo, muchas gracias.

b) ¿Quién habla? Escribe *comprador/-a* o *vendedor/-a* antes de cada frase de la actividad anterior.

c) Clasifica estas frases.

¿Puedo pagar con tarjeta?   ¿A qué hora cerráis?

Me lo llevo, gracias.   Luego vuelvo.   Me lo voy a pensar.

Quiero comprar ahora mismo	No quiero comprar ahora mismo
	¿A qué hora cerráis?

9 a) Rodea qué sílabas no existen en español.

pla	pha	re	ma	istch	ta	bre
ight	the	ção	sha	rão	ing	tri

b) Escucha este trabalenguas dos veces y elige (√) la respuesta correcta.

1 ☐ En español la mayoría de las sílabas es **consonante + vocal** (*ca-sa*)

2 ☐ En español la mayoría de las sílabas es **vocal + consonante** (*al*)

3 ☐ En español la mayoría de las sílabas es **consonante + vocal + consonante** (*pan*)

c) Elige (√) la respuesta correcta y contesta cuántas sílabas tiene la mayoría de las palabras en español.

1 ☐ una sílaba (*sol*)   3 ☐ tres sílabas (*pá-ja-ro*)

2 ☐ dos sílabas (*ca-ma*)   4 ☐ cuatro sílabas (*te-lé-fo-no*)

d) Escucha y repite las palabras del glosario. Observa las sílabas que son posibles en español. Pronuncia todas las sílabas.

1 ¿QUIÉN VIENE?

Amigo, amiga, hermano, hermana, jefe, novio, novia, vecino, vecina…

2 ¿CÓMO ES ESE/-A CHICO/-A? ES…

simpático/-a, antipático/-a, alegre, serio/-a, sociable, tímido/-a, inteligente, trabajador/-a.

3 ¿QUÉ LLEVA?

Abrigo, camisa, camiseta, falda, jersey, pantalón/pantalones, vaqueros, zapatillas de casa, zapatos de tacón.

4 ¿CÓMO ES LA ROPA Y EL CALZADO?

Largo/-a, corto/-a, zapatos de tacón. Amarillo, azul, marrón, naranja, rojo, verde…

UNA FIESTA DE CUMPLEAÑOS

5 REGALOS

Vender, comprar, dar, recibir, abrir, dar las gracias por un regalo. Bolso, cartera, gafas, móvil, ordenador, reloj, ropa, secador. Con tarjeta de crédito.

6 ¿EN QUÉ PLANTA DE LOS GRANDES ALMACENES?

Cafetería, complementos y regalos, electrónica, muebles y electrodomésticos, niños, señoras y caballeros, zapatería.

7 ¿CUÁNTO CUESTA?

100 cien, 101 ciento uno, 102 ciento dos, 120 ciento veinte, 200 doscientos/-as, 300 trescientos/-as, 400 cuatrocientos/-as, 500 quinientos/-as, 600 seiscientos/-as, 700 setecientos/-as, 800 ochocientos/-as, 900 novecientos/-as, 1000 mil, 2000 dos mil, 3000 tres mil, 15 000 quince mil; euro, billetes, monedas.

e) Añade ejemplos en algunas palabras difíciles.

Mi diccionario

10 a) Busca estas palabras en un diccionario bilingüe y escribe su significado.

Dar un regalo: ....
Dar las gracias por un regalo: ....
Vender un regalo: ....
Recibir un regalo: ....
Comprar un regalo: ....
Abrir un regalo: ....

b) Ordena las acciones anteriores.

1 Vender un regalo. .... 2 .... 3 ....
4 .... 5 .... 6 ....

c) Lee esta entrada del *Diccionario combinatorio práctico.* Subraya las palabras que conoces.

regalo s.m.
- CON ADJS. **precioso** *Es un regalo precioso, muchas gracias* · **maravilloso** · **exquisito** · **valioso** · **amable** ‖ de {buen/mal/escaso/dudoso...} **gusto** · **apropiado** · **oportuno** ‖ **original** · **típico** · **habitual** ‖ **merecido** · **inmerecido** ‖ **inesperado** *Me sorprendió con un regalo totalmente inesperado* ‖ **socorrido** ‖ **de aniversario** · **de cumpleaños** · **navideño**
- CON SUSTS. **lluvia (de)** · **entrega (de)** ‖ **papel (de)** · **tienda (de)** · **artículo (de)** · **objeto (de)** · **lista (de)**

- CON VBOS. **hacer (a alguien)** · **dar (a alguien)** *Te daré un regalo si te portas bien* · **enviar** · **entregar** · **ofrecer (a alguien)** · **conceder (a alguien)** ‖ **merecer** *Yo creo que se merece un regalo mejor* ‖ **recibir** · **acaparar** ‖ **apreciar** · **valorar** ‖ **rehusar** · **declinar** · **rechazar** ‖ **colmar (de)** *La quería tanto que la colmaba de regalos y atenciones* · **llenar (de)** · **obsequiar (con)**
- CON PREPS. **de** *un DVD de regalo*

(*Diccionario combinatorio práctico del español contemporáneo.* Ediciones SM, Madrid, 2006, pág. 1075)

d) Completa estas frases con adjetivos, sustantivos y verbos.

1 • Toma, espero que te guste.
• ¡Gracias! Es un regalo .... (adjetivo)

2 • Necesito comprar algo para el cumpleaños de Eva. ¿Dónde voy?
• ¡En la calle Goya hay una .... de regalos. (sustantivo)

3 • En su cumpleaños, Eva va a .... un regalo. (verbo)

Los diccionarios de combinatoria ayudan a escribir correctamente. Puedes buscar sustantivos, verbos y adjetivos.

Autoevaluación

11 ¿Qué ropa llevan? Observa estas imágenes y escribe qué llevan.

A B

12 ¿Qué ropa hay en tu armario?

....

13 Tacha la palabra diferente.

1 corto, pantalones, vaqueros, falda, camisa, camiseta
2 simpático, antipático, inteligente, trabajador, alegre
3 largos, caros, altos, bajos, grandes, pequeños, barata
4 vender, comprar, estudiar, recibir, abrir, dar (un regalo)

14 Conozco las costumbres de las fiestas de cumpleaños en España. Puedo comprar ropa y regalos.

Sí Regular Todavía no

Estudia el glosario.
Repite actividades.

15 Amplía tus conocimientos y practica con las actividades de la página 75.

9 MENÚ DEL DÍA

AGENDA

LLUVIA DE PALABRAS

GLOSARIO

¿SABES LOS NOMBRES DE COMIDAS Y BEBIDAS EN ESPAÑOL?
¿PUEDES ENTENDER UN MENÚ EN UN RESTAURANTE?

verdura · fruta · bocadillo · cruasán · carne · pescado

huevos · leche · pan · sándwich · agua · té

Alimentos

1 a) Observa el dibujo y escribe alimentos y cosas que no están en la nevera normalmente.

....

b) Escribe nombres de alimentos que te gustan mucho, bastante, no mucho y que no te gustan nada.

mucho	bastante	no mucho	nada
😃😃	😊	😐	🙁

1 ..la fruta................. 2 .... 3 .... 4 ....

• Completa el texto.

Me gusta mucho el/la ...., el/la .... bastante y el/la .... no mucho.
No me gusta nada el/la ....

2 a) Observa y memoriza los objetos de la nevera.

b) Sin mirar la imagen, elige (√) qué nota incluye los alimentos de la nevera. Prepara un menú para tus amigos.

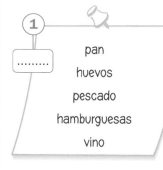

(1) ....
pan
huevos
pescado
hamburguesas
vino

(2) ....
pan
huevos
carne
pasta
fruta

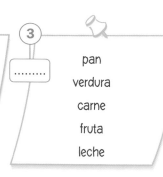

(3) ....
pan
verdura
carne
fruta
leche

Está muy bueno.=
Está muy rico.

😃😃

🙁

No está muy bueno.

3 **a)** Observa el menú y completa con estas palabras: *bebidas, postre, primer plato* y *segundo plato*.

MENÚ DEL DÍA

1 ....

- Sopa
- Ensalada
- Paella
- Verduras a la plancha

2 ....

- Tortilla
- Filete de ternera
- Pescado
- Hamburguesa

3 ....

- Flan
- Fruta

4 ....

- Agua mineral con gas
- Agua mineral sin gas

- Cerveza
- Vino blanco
- Vino tinto
- Vino rosado

- Leche
- Té
- Café (solo, con leche, cortado)

PAN, VINO Y POSTRE: 12 €

Menú. Bebidas

frío

caliente

b) Clasifica palabras de las actividades 1, 2 y 3a en esta tabla.

Comidas frías	Comidas calientes	Bebidas frías	Bebidas calientes
ensalada			

4 **a)** Tacha tres informaciones falsas en esta tabla de comidas.

Normalmente	¿A qué hora?	¿Quién?	¿Qué?	¿Dónde?
desayuno	de 7.30 h a 11.00 h	niños, jóvenes, adultos	leche, pan, bocadillos, café	casa, hotel
aperitivo	13.00 h	niños	bebidas y tapas	bar, restaurante
comida	de 14.00 h a 15.30 h	niños, jóvenes, adultos	sándwich	casa, restaurante, cafetería, bar
merienda	de 15.00 h a 16.00 h	niños	fruta, leche, bocadillo	casa, restaurante, cafetería
cena	de 21.00 h a 23.00 h	niños, jóvenes, adultos	verdura, carne, pescado, tortilla, sopa, fruta	casa, restaurante, cafetería

b) Busca *tapa* en el diccionario y elige (√) la respuesta correcta.

a ☐ Un poco de comida gratis que ponen en los bares.

b ☐ Un plato de comida que lleva arroz y se come en bares.

c ☐ Un plato del norte de España.

5 Escribe estas palabras y frases en el mapa semántico.

plato   segundo plato   caro   bueno   ¿Podría cambiarme este plato?   cuenta   carta

postre   malo   menú   comer   Por favor, más pan.   regular   barato   desayunar

Está muy rico.   cenar   Quiero una mesa para cuatro personas esta noche.   mesa   primer plato   La cuenta, por favor.

1 Partes del menú
postre

2 Objetos
mesa

3 Acciones
cenar

Restaurante

5 Formulas, expresiones
¿Podría cambiarme
este plato?

4 Cómo es
barato

Los mapas semánticos sirven para repasar y aprender bien el vocabulario

6 a) Escribe el verbo.

Sustantivo	Verbo
desayuno	....
aperitivo	.............tomar el aperitivo.............
comida	....
merienda	....
cena	....

b) Compara tus comidas y las comidas de José. Escribe frases verdaderas.

José desayuna pronto, a las 7.30 h y luego, en el trabajo, a las 11.00 h, toma otro desayuno con los compañeros. Los domingos toma el aperitivo a las 13.30 h y normalmente come a las 14.00 h. No merienda nada y cena a las 21.00 h.

1 José desayuna a las 7.30 h y yo... ....

2 ....

3 ....

4 ....

5 ....

7   **a)** Pedro y Lola van a cenar al Restaurante Intercontinental. Lola no come carne y Pedro quiere comer algo típico de Madrid. Lee la carta y subraya qué come cada uno.

ESPECIALIDADES DEL RESTAURANTE INTERCONTINENTAL

MENÚ ESPECIAL   *MENÚ ESPECIAL*

Cocido madrileño
Merluza a la vasca
Hamburguesa con patatas fritas
Ensalada intercontinental

b) Escucha el diálogo en el Restaurante Intercontinental y contesta.

1 ¿Piden el menú o comen a la carta? ....

2 ¿Qué come Lola? ....

3 ¿Qué come Pedro? ....

4 En la mesa falta algo. ¿Qué es? ....

5 Uno de los platos no está bueno. ¿Cuál es? ....

8 Relaciona los diálogos y las imágenes.

1
- ¿Qué pasa?
- Es que la bebida está caliente.
- Camarero, ¿puede traernos hielo?

A

2
- ¿No está bueno?
- Sí, pero quiero un poco más de sal, por favor.

B

3
- Perdone, los aseos, por favor.
- La segunda puerta a la derecha.
- Gracias.

C

4
- ¿Qué tal la sopa?
- Rica, pero está un poco fría.

D

5
- Camarero, por favor, ¿me trae la cuenta?
- Sí, claro, un momento, por favor.

E

9 **a)** Escucha y clasifica palabras de la unidad. Señala qué sílaba tiene más fuerza y dónde está el acento.

AUDIO
28, 29

GLOSARIO

1	2	3
(☐) ■ ☐ ☐	(☐ ☐) ■ ☐	(☐ ☐) ☐ ■
A-mé-ri-ca	car-ne	ca-fé

b) ¿En español, la mayoría de las palabras son del grupo 1, 2 ó 3?

c) Escucha y repite las palabras del glosario. Encuentra la sílaba fuerte.

1 ALIMENTOS

Azúcar, bocadillo, carne, cruasán, fruta, hamburguesa, huevos, pan, pasta, pescado, sal, sándwich, verdura. Tapa.

2 ¿TE GUSTA LA FRUTA?

Mucho, bastante, no mucho, nada.

3 ¿QUÉ TAL EL PESCADO/ LA CARNE?

Muy bueno/-a, muy rico/-a. No está muy bueno/-a. Frío ≠ caliente.

4 EL MENÚ

Primer plato (sopa, ensalada, paella, verduras a la plancha), segundo plato (tortilla, filete de ternera, pescado, hamburguesa), postre (flan, fruta).

MENÚ DEL DÍA

9 SECCIONES DE SUPERMERCADO

Carnes, frutas, panes y bollos, pescados, verduras.

8 ¿DÓNDE?

Bar, cafetería, pub, restaurante.

7 EN EL RESTAURANTE

Carta, cuenta, menú, mesa, plato. Aseos.

6 COMIDAS Y VERBOS

Desayuno, desayunar. Comida, comer. Aperitivo, tomar el aperitivo. Merienda, merendar. Cena, cenar.

5 BEBIDAS

Agua mineral (con gas, sin gas), café, cerveza, leche, té, vino blanco, vino tinto, vino rosado.

d) Traduce estas frases a tu lengua. Añade siempre frases a tus mapas semánticos.

¿Podría cambiarme este plato?

....

Quiero una mesa para cuatro personas para esta noche, por favor.

....

Por favor, más pan.

....

Está muy rico.

....

10 a) Lee esta definición de *bar* y escribe las palabras subrayadas debajo de las imágenes.

> Un **bar** (...) es un <u>establecimiento comercial</u> donde se sirven <u>bebidas alcohólicas,</u> y también aperitivos, generalmente para ser consumidos de inmediato (...) en el mismo establecimiento en un servicio de <u>barra.</u>
>
> <*http://es.wikipedia.org/wiki/Bar*>, 2 de junio de 2008

Ⓐ

Ⓑ

Ⓒ

....

b) Lee estas definiciones y relaciona las imágenes con las palabras: *bar*, *restaurante*, *pub*, *cafetería*.

Ⓐ **Ⓑ**

> La cafetería, o simplemente café (...) recibe generalmente un público mucho más variado (...) y dispone también de mesas con sillas para que los clientes puedan permanecer mayor tiempo.
>
> El pub es un establecimiento que abre de noche y vende preferentemente bebidas alcohólicas.
>
> El restaurante es un establecimiento con mesas donde se sirven comidas o cenas (...).
>
> <*http://es.wikipedia.org/wiki/Bar*>, 2 de junio de 2008

Ⓒ

Ⓓ

> Los diccionarios o enciclopedias ayudan a diferenciar palabras con significados iguales.

11 Observa estas imágenes y completa con: *panes* y *bollos*, *verduras*, *frutas*, *pescados*, *carnes*.

Ⓐ **Ⓑ** **Ⓒ** **Ⓓ** **Ⓔ**

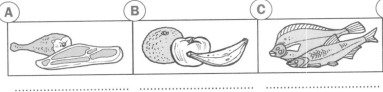
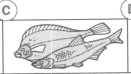

....

12 Completa con palabras de la unidad.

> Hola, Elena:
>
> ¿Qué tal? Ayer fui con Pedro a ese restaurante de la calle Mayor en Madrid. Es muy ...., pero un poco ....
> Comimos muy .... De primero, ..., de ...., carne y de ...., un flan muy rico. Bebí un poco de
> .... tinto y estaba muy bueno.
> ¿Cuándo vienes a Madrid? Podemos comer juntas en este restaurante.
> Un abrazo, Carmen

13 Puedo entender las secciones de un menú. Conozco las secciones de un supermercado.

Sí   Regular   Todavía no

☺   Estudia el glosario.
                                                      Repite actividades.

14 Amplía tus conocimientos y practica con las actividades de la página 75.

10 ESTE FIN DE SEMANA

¿PUEDES HABLAR DE LAS OFERTAS DE OCIO DE TU CIUDAD?
¿PUEDES ENTENDER LAS SECCIONES DE UNA GUÍA DEL OCIO Y LOS HORARIOS?

GUÍA DEL OCIO

_ I _ _ _

T _ A _ _ _ S

C _ _ C _ _ _ _ _ S DE MÚSICA

_ _ B _ _ _ _ S

_ U S _ _ _

_ _ _ T A _ _ _ _ _ _ S

PROGRAMAS DE _ _ _ _ V _ S _ _ _

_ _ R C _ S

_ _ _ _ _ _ _ T

Ocio cultural. Ocio en casa

1 a) Observa la Guía del ocio y completa con estas palabras: *cines, internet, teatros, circos, televisión, conciertos, librerías, restaurantes, museos.*

b) Clasifica estas actividades de ocio y también las del ejercicio anterior.

escuchar una canción   ver una película   leer un libro   escuchar música   leer el periódico

ver la televisión   escuchar la radio   ver las noticias   cantar   leer una revista   bailar

cantar

bailar

Ocio en casa	Ocio y cultura fuera de casa
ver la televisión	

2 Observa las imágenes y busca en la sopa de letras (➤ ▼) palabras de la actividad 1 a.

C	I	N	N	M	U	O	P	A	R	Y	U	P
J	A	P	A	A	R	L	Ñ	R	T	A	V	A
C	T	M	R	I	L	I	B	R	E	R	Í	A
Q	E	U	R	O	L	L	N	T	A	R	I	R
V	A	S	T	A	U	R	A	N	T	E	A	T
L	M	E	M	A	M	R	C	L	R	T	E	C
I	U	U	P	T	C	I	R	C	O	D	E	S
T	S	R	U	R	I	A	O	P	C	I	M	T
T	E	A	Y	R	N	M	U	S	S	E	E	U
C	O	N	C	I	E	R	T	O	Í	U	L	C
X	D	A	R	E	S	T	R	R	A	N	T	T

3 **a)** Observa los directorios del centro comercial y de ocio y del polideportivo. Coloca estas palabras en el lugar adecuado: *gimnasio*, *cines*, *tiendas*, *tenis*, *natación*, *terraza*, *discoteca*, *fútbol*, *baloncesto*, *restaurantes*.

LLUVIA DE PALABRAS

CENTRO COMERCIAL Y DE OCIO SÁBADUX

3.ª Planta ....

3.ª Planta ....

2.ª Planta ....

2.ª Planta ....

1.ª Planta ....

POLIDEPORTIVO FERNANDO ALONSO

3.ª Planta ....

2.ª Planta ....

2.ª Planta ....

1.ª Planta ....

1.ª Planta ....

Ocio en el centro comercial. Deporte

b) Observa estas imágenes y contesta qué van a hacer.

A

Va ....

B

Va a ....

C

Van a ....

4 **a)** Contesta verdadero (V) o falso (F).

CULTURA Y PALABRAS

	V	F
1 El deporte más practicado por los españoles es el fútbol.	☐	☐
2 El segundo deporte más practicado es el baloncesto.	☐	☐
3 Los españoles van más al cine que al teatro.	☐	☐
4 Los españoles leen una media de 18 libros al año.	☐	☐
5 Las mujeres leen más libros que los hombres.	☐	☐
6 Internet es el servicio más utilizado en casa.	☐	☐
7 El 63% de las casas tienen internet.	☐	☐

tiempo libre = ocio

practicar un deporte

b) Relaciona las imágenes de la sopa de letras de la actividad 2 con su artista.

1 El *Guernica*	a Pedro Almodóvar
2 Concierto	b Federico García Lorca
3 *Todo sobre mi madre*	c Pablo Ruiz Picasso
4 *Romancero Gitano*	d Juan Luis Guerra

5 **a)** Lee este diario y completa con algunas de estas palabras: *al cine, leer libros, a la discoteca, fútbol, al museo, al circo, ver la televisión, tenis, a la terraza, al teatro, ir al gimnasio, baloncesto, escuchar música, bailar, de tiendas, al restaurante, jugar en internet, nadar.*

25 de julio

Hoy ha sido un día muy interesante: una maña-na de **ocio cultural** en Zaragoza. Por la mañana: hemos ido .... y ....

Por la tarde, hemos estado en casa y también ha sido divertido. Hemos hecho muchas actividades: .... y ....

26 de julio

Hoy hemos ido al **polideportivo** para .... y para jugar al ....

Por la noche, hemos ido al centro comercial para ir .... y a la .... para ....

¡Qué fin de semana tan divertido!

b) Elige algunas actividades y escribe en tu cuaderno tu diario del fin de semana.

Asociar palabras a otras palabras del mismo tema ayuda a memorizarlas

6 **a)** ¿Sabes formar familias de palabras? Escribe el sustantivo.

Verbo	Sustantivo
nadar	....
jugar	....
leer libros	.... lectura ....
bailar	....

b) Asocia estos sustantivos con los verbos correspondientes.

un periódico   música   una película   tenis   un libro   una canción   una revista

la radio   baloncesto   un programa de televisión   fútbol   una obra de teatro

Escuchar
....
....
....
....

Jugar al
....
....
....
....

Leer
....
....
....
....

Ver
una obra de teatro
....
....
....

7 **a)** ¿Qué hacen el sábado? Escucha y completa.

AUDIO
30

	Ocio cultural	Deporte	Centro comercial	Ocio en casa
Carlos				internet y ver la televisión
Ana				
Pedro				
Jaime				

- ¿Y tú? ¿Qué quieres hacer el viernes por la noche?

  Prefiero ir .... y el sábado ....

b) Observa y contesta qué haces en tu tiempo libre.

Siempre	Normalmente	A veces	Alguna vez	Nunca

Siempre ....

Normalmente ....

A veces ....

Alguna vez ....

Nunca ....

8 **a)** Lee las actividades de ocio preferidas de Jorge y sus horarios.

😃	😞
conciertos teatros restaurantes cines	bailar discotecas museos

El viernes puede salir de 20.00 h a 23.00 h.

El sábado puede salir de 11.00 h a 13.00 h.

El domingo puede salir de 16.00 h a 19.30 h.

b) Lee esta página de la guía del ocio y contesta a las preguntas.

GUÍA DEL OCIO

CINES
ROX
Sin final
(Estados Unidos)
Viernes: 16.00 h, 18.30 y 21.00 h
Sábados: 11.30 h, 16.00 h, 18.30 h y 21.00 h

RESTAURANTES
EL POSTRE
Sábados de 20.30 h a 24.00 h
RICO, RICO
Viernes: de 20.30 h a 24.00 h
Sábados y domingos: cerrado

TEATROS
LOPE DE VEGA
La madre
Domingos: de 17.00 h a 19.00 h

CONCIERTOS
AUDITORIO
Concierto de Chopin
Sábados y domingos a las 12.00 h

DISCOTECA
A BAILAR
Viernes y sábados: de 24.00 h
a 3 de la madrugada

MUSEOS
MUSEO DE ARTE ABSTRACTO
Sábados: de 11.00 h a 14.00 h
Domingos: de 17.00 h a 19.00 h

1 ¿Qué puede hacer el viernes? ....

2 ¿Qué puede hacer el sábado? ....

3 ¿Qué puede hacer el domingo? ....

⑨ **a)** Escucha y contesta quién habla. Elige (√) un dibujo, no importa si no entiendes las palabras: la entonación y el tono a veces comunican más que las palabras.

AUDIO
31, 32

GLOSARIO

A .... B .... C .... D ....

b) Juega con el tono y lee esta frase de varias formas: como un niño y como un señor o una señora.

> El sábado por la tarde vamos al centro comercial y el domingo por la tarde al polideportivo.

c) Escucha y repite las palabras del glosario. Piensa en la edad, el sexo y cómo está la persona que habla (alegre, triste, seria…).

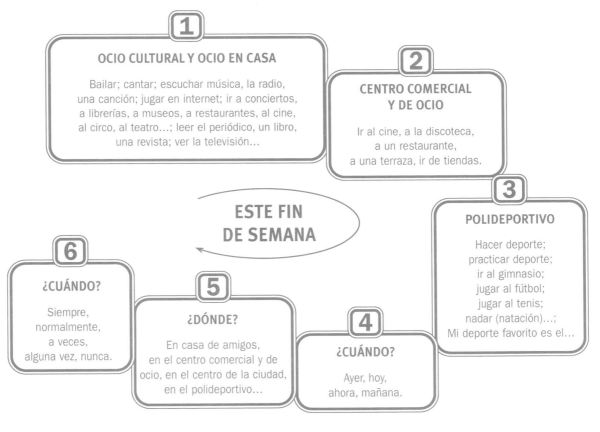

1 OCIO CULTURAL Y OCIO EN CASA

Bailar; cantar; escuchar música, la radio, una canción; jugar en internet; ir a conciertos, a librerías, a museos, a restaurantes, al cine, al circo, al teatro…; leer el periódico, un libro, una revista; ver la televisión…

2 CENTRO COMERCIAL Y DE OCIO

Ir al cine, a la discoteca, a un restaurante, a una terraza, ir de tiendas.

ESTE FIN DE SEMANA

3 POLIDEPORTIVO

Hacer deporte; practicar deporte; ir al gimnasio; jugar al fútbol; jugar al tenis; nadar (natación)…; Mi deporte favorito es el…

6 ¿CUÁNDO?

Siempre, normalmente, a veces, alguna vez, nunca.

5 ¿DÓNDE?

En casa de amigos, en el centro comercial y de ocio, en el centro de la ciudad, en el polideportivo…

4 ¿CUÁNDO?

Ayer, hoy, ahora, mañana.

d) Traduce a tu lengua algunas palabras si es necesario.

10 a) Lee este texto y completa el esquema.

> El deporte favorito de Luis es el fútbol. Se juega con un balón y 22 jugadores. Se juega en un campo de fútbol y es un deporte de grupo y divertido.

2 Se juega con
....
....

1 Se juega en
....
....

El deporte favorito de Luis es
....

3 Es un deporte
....
....

b) Escribe sobre tu deporte favorito. Completa el esquema en tu lengua, busca esas palabras en un diccionario bilingüe y añade la traducción.

c) Memoriza esas palabras.

> Podemos utilizar el diccionario bilingüe para hablar mejor. Pensamos primero las palabras en nuestra lengua, las buscamos en el diccionario y las memorizamos.

Autoevaluación

11 Observa la imagen y elige (√) la respuesta correcta.

1 Ana juega al:

a ☐ fútbol   b ☐ baloncesto   c ☐ tenis

2 Ana va:

a ☐ al polideportivo   b ☐ al cine   c ☐ al centro comercial

3 Después Ana va:

a ☐ a la librería   b ☐ a la discoteca   c ☐ al restaurante

12 Escribe frases verdaderas según tu realidad. Completa con *siempre*, *normalmente*, *a veces*, *alguna vez* y *nunca*.

.... voy a discotecas.   .... voy al cine.

.... veo la televisión.   .... voy al teatro.

.... voy al circo.   .... leo libros y veo la tele en casa.

13 Puedo hablar de las ofertas de ocio de mi ciudad. Puedo entender las secciones de una guía del ocio y los horarios.

Sí   Regular   Todavía no

Estudia el glosario.
Repite actividades.

14 Amplía tus conocimientos y practica con las actividades de la página 75.

11 MI TRABAJO

¿EN QUÉ TRABAJAS? ¿QUÉ HACES UN DÍA NORMAL? ¿ENTIENDES ANUNCIOS SENCILLOS?

AGENDA

LLUVIA DE PALABRAS

GLOSARIO

MIGUEL
Se levanta a las 8.00 h y desayuna a las 8.30 h. Va al trabajo en metro. Llega al trabajo a las 9.30 h y abre la tienda a las 10.00 h. Sale a las 13.30 h y vuelve a casa para comer. Entra al trabajo a las 17.30 h y cierra la tienda a las 20.30 h. Llega tarde a casa, a las 21.30 h. Cena a las 22.00 h. Se acuesta a las 23.00 h.

DIANA
Se levanta a las 8.00 h. Va al trabajo en metro y llega al trabajo a las 8.30 h. Desayuna a las 8.30 h y empieza a trabajar a las 8.50 h. Come en el trabajo a las 14.00 h. Sale del trabajo a las 17.00 h. Llega pronto a casa, a las 17.30 h. Se acuesta a las 23.00 h.

Profesiones. La rutina del trabajo

1 a) Observa las imágenes y los textos. Escribe las diferencias.

1 Miguel llega al trabajo a las 9.30 h y Diana a las 8.30 h. ....
2 Miguel .... la tienda .... y Diana empieza ....
3 Miguel ....
4 ....
5 ....

b) ¿Qué hacen Miguel y Diana? Elige (√) dos de estas profesiones u ocupaciones y completa la frase.

☐ bombero   ☐ médica   ☐ dependiente   ☐ ama de casa   ☐ abogada   ☐ taxista

Miguel es .... y Diana es ....

2 Busca profesiones u ocupaciones.

mkltaxistamercamadecasapermabomberodestiabogadacalomedicosonadependiente

pronto

07 : 00

23 : 00

tarde

3 a) Lee los textos y contesta quién puede conseguir esos trabajos.

Anuncio 1: ....   Anuncio 2: ....   Anuncio 3: ....

① Empresa española de transporte

Busca
Jefe de departamento para comprar y vender productos
Se necesita:
Experiencia
Licenciado en Económicas
Inglés
Carné de conducir

Se ofrece buen sueldo.

② Empresa internacional de ropa

Busca
Dependiente para tienda de la calle Márquez en Barcelona
Experiencia
Inglés y francés hablados
Persona joven (menor de 28 años) y simpática para trabajar en grupo con sus compañeros de trabajo

③ Agencia de viajes

Busca
Chicos y chicas para oficina en Valencia
Edad: 18-22 años
Nacionalidad: española o extranjera
Documentación: carné de identidad o pasaporte, tarjeta de residencia o permiso de trabajo y carné de conducir

A
Verónica
Dependienta
29 años
Habla inglés y francés.

B
Gabriela
Argentina
Permiso de trabajo, no tiene carné de conducir.

C
Cristina
Dependienta
26 años
Habla inglés y francés.

D
Pedro
Ingeniero
Jefe de departamento
Tiene carné de conducir y coche. No habla inglés.

E
John
Inglés
20 años
Tiene tarjeta de residencia y carné de conducir.

F
María José
Licenciada en Económicas
Habla inglés, tiene carné de conducir y coche.

ingeniero

Anuncios de trabajo

b) **Completa el esquema con estas palabras:** *compañero de trabajo*, *jefe de departamento*, *director*.

director

4 Lee estas informaciones sobre España y contesta verdadero (V) o falso (F).

	V	F
1 Ana trabaja en un banco de 8.00 h a 15.30 h. La mayoría de los bancos no abre por la tarde.	☐	☐
2 Javier trabaja en una empresa de 9.00 h a 18.00 h y tiene una hora para comer en el trabajo.	☐	☐
3 Gabriel es dependiente en una tienda. Trabaja de 10.00 h a 12.30 h y de 14.00 h a 18.00 h.	☐	☐
4 Los trabajadores tienen 15 días de vacaciones (sin fines de semana) al año.	☐	☐
5 Josefina es ama de casa, gana dinero por su trabajo.	☐	☐
6 Muchas empresas cierran el sábado y el domingo.	☐	☐

5 **a)** Lee las tablas y relaciona los siguientes verbos a uno de los modelos.

trabajar: ....1...........   vender: ....   cerrar: ....   acostarse: ....

desayunar: ....   comprar: ....   necesitar: ....   abrir: ....

1 HABLAR → verbo en -AR		2 COMER → verbo en -ER		3 VIVIR → verbo en -IR	
yo	hablo	yo	como	yo	vivo
tú	hablas	tú	comes	tú	vives
él, ella, usted	habla	él, ella, usted	come	él, ella, usted	vive
nosotros, nosotras	hablamos	nosotros, nosotras	comemos	nosotros, nosotras	vivimos
vosotros, vosotras	habláis	vosotros, vosotras	coméis	vosotros, vosotras	vivís
ellos, ellas, ustedes	hablan	ellos, ellas, ustedes	comen	ellos, ellas, ustedes	viven
4 EMPEZAR → v. irregular (*e-ie*)		**5 PODER → v. irregular (*o-ou*)**		**6 SALIR → v. irregular (*-g*)**	
yo	emp*ie*zo	yo	p*ue*do	yo	salgo
tú	emp*ie*zas	tú	p*ue*des	tú	sales
él, ella, usted	emp*ie*za	él, ella, usted	p*ue*de	él, ella, usted	sale
nosotros, nosotras	empezamos	nosotros, nosotras	podemos	nosotros, nosotras	salimos
vosotros, vosotras	empezáis	vosotros, vosotras	podéis	vosotros, vosotras	salís
ellos, ellas, ustedes	emp*ie*zan	ellos, ellas, ustedes	p*ue*den	ellos, ellas, ustedes	salen

b) Para estudiar los verbos, escribe fichas como esta. Lee la primera y completa las otras dos.

ACOSTARSE	CERRAR	TRABAJAR
Verbo: irregular, como PODER Traducción: *go to bed* Ejemplo: *(yo) Me acuesto pronto, a las 9, y mi amigo se acuesta a las 11.* Se usa con estas palabras: *pronto*, *tarde*.	Verbo: .... Traducción: .... Ejemplo: .... Se usa con estas palabras:	Verbo: .... Traducción: .... Ejemplo: .... Se usa con estas palabras: ....

Relacionar verbos a un modelo (*-ar*, *-er*, *-ir*) ayuda a aprenderlos

6 **a)** Repasa y relaciona estas profesiones u ocupaciones con un lugar de trabajo.

1 médico	**a** coche
2 ama de casa	**b** colegio, academia, universidad
3 abogada	**c** tienda
4 taxista	**d** casa
5 camarero	**e** restaurante
6 dependiente, vendedor	**f** empresa, oficina
7 profesora	**g** hospital
8 ingeniero	

b) Clasifica estas palabras: *compañeros de trabajo*, *inglés*, *carné de conducir*, *francés*, *tarjeta de residencia*, *director*, *pasaporte*, *jefe de departamento*, *licenciado en*, *experiencia*, *permiso de trabajo* y *carné de identidad*.

Personas	Documentación	Para este trabajo se necesita
compañeros de trabajo	pasaporte	licenciado en ....

7 **a)** Escucha estas tres historias y ordena la serie de imágenes.

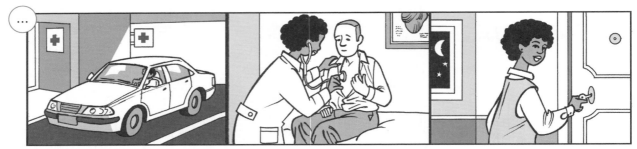

b) Escucha otra vez y contesta a las preguntas.

1 ¿Quién se levanta a las seis de la mañana? ....

2 ¿Quién sale del trabajo a las siete de la tarde? ....

3 ¿Quién trabaja siempre por la noche? ....

8 **a)** Lee el siguiente texto y contesta a qué se dedica Beatriz.

> Barcelona, 23 de septiembre de 2008
>
> Estimados Sres.:
>
> Les escribo por el anuncio de .... del pasado domingo en el periódico Hoy. Vivo en .... y tengo dos años de .... como dependienta. Tengo 24 años y .... inglés, francés y catalán.
>
> Les envío mi currículum vítae y mi número de teléfono. Espero poder hablar con ustedes en los próximos días.
>
> Un cordial saludo.
>
> Beatriz Salas

b) Elige (√) a qué anuncio contesta esta carta.

1 ☐ empresa de transporte   **2** ☐ empresa internacional de ropa   **3** ☐ agencia de viajes

c) Lee otra vez la carta y escribe estas palabras en su sitio: *Barcelona*, *dependiente*, *hablo* y *experiencia*.

9 a) Escucha estas frases y completa con punto (.), interrogación (¿?) o exclamación (¡!).

1 Carlos   4 Eres médico

2 Carlos   5 Eres médico

3 Carlos   6 Eres médico

b) Relaciona las frases con su entonación.

1 ¿Cómo te llamas? (..........)   4 ¿Trabajas en una empresa? (..........)   Ⓐ

2 Trabajas en un hospital. (..........)   5 ¿Dónde trabajas? (..........)   Ⓑ

3 ¿A qué te dedicas? (..........)   6 Soy ama de casa. (..........)

c) Escucha y repite las palabras del glosario. Observa la entonación de las preguntas.

1 PROFESIONES Y OCUPACIONES

Soy abogada, ama de casa, bombero, camarero, dependiente, ingeniero, médico, profesora…

2 ¿DÓNDE TRABAJAS?

En casa, con el coche, en un colegio, en una empresa, en un hospital, en un restaurante, en una tienda…

3 UN DÍA NORMAL

Levantarse; desayunar; ir al trabajo en coche, en metro…; abrir la tienda; cerrar la tienda; comprar # vender; trabajar; entrar a trabajar; empezar a trabajar; ganar dinero; terminar de trabajar; salir del trabajo; volver a casa; tener vacaciones. Acostarse pronto # acostarse tarde.

8 ¿CÓMO TRABAJAS?

Bien, mal, mucho, poco, rápido, lento, solo, en grupo, a disgusto, de sol a sol, gratis.

MI TRABAJO

7 PERSONAS EN EL TRABAJO

Compañeros de trabajo, director, jefe (de departamento).

4 UN ANUNCIO

Agencia de viajes, empresa de ropa, de transporte… busca: chicos, chicas, dependiente, ingeniero…

6 DOCUMENTACIÓN

Carné de conducir, carné de identidad, pasaporte, permiso de trabajo, tarjeta de residencia.

5 SE NECESITA

Con experiencia, edad: mayor de 20 años y menor de 50, con carné de conducir…

d) Relaciona palabras entre sí con un sentido, como en el ejemplo.

taxista - coche - carné de conducir

10 **a)** Busca en un diccionario bilingüe estas palabras y escribe su traducción.

rápido: .... lento: .... disgusto: .... gratis: ....

b) Señala la **combinación incorrecta**.

	bien	mal	mucho	muy	poco	a disgusto	de sol a sol	gratis	solo	en grupo	rápido	lento
trabajar												

c) Busca las respuestas en el Corpus CREA de la Real Academia de la Lengua (http://corpus.rae.es/creanet.html).

Escribe en Consulta "muy trabajar", "trabajar de sol a sol...". Si hay ejemplos, es correcto, si no hay ejemplos, es incorrecto. Si quieres leer los ejemplos, pulsa en Recuperar.

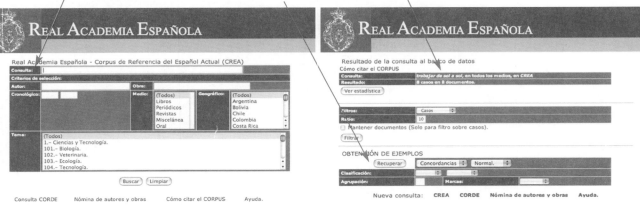

REAL ACADEMIA ESPAÑOLA: Banco de datos (CREA) [en línea]. Corpus de referencia del español actual.
<*http://www.rae.es.*>, 2008

> Buscar en corpus como el CREA nos ayuda a saber qué combinaciones son posibles en español.

11 Relaciona las frases.

1 ¿A qué te dedicas? = ¿En qué trabajas?
2 Se busca:
3 ¿Qué haces en tu trabajo?
4 ¿Quién es el Sr. López?
5 ¿Tienes experiencia?
6 Se necesita:
7 Me levanto a las 8.15 h y

a Enseño español y hablo con los alumnos.
b me acuesto a las 21.30 h. Trabajo de 9.00 h a 18.00 h y como en el trabajo.
c Soy profesor.
d Chico joven para dependiente de una tienda.
e Carné de conducir y hablar inglés y francés.
f Es mi jefe.
g Sí, cinco años de médico en un hospital.

12 En tu cuaderno escribe sobre tu trabajo y cómo es un día normal en tu vida.

13 Puedo hablar de mi profesión y de lo que hago en un día normal. Puedo entender anuncios de trabajo sencillos y cartas para pedir trabajo.

14 Amplía tus conocimientos y practica con las actividades de la página 75.

12 PRENSA

¿CONOCES LAS SECCIONES DE UN PERIÓDICO?
¿PUEDES ENTENDER UNA CARTA DE SUSCRIPCIÓN?

AGENDA

LLUVIA DE PALABRAS

GLOSARIO

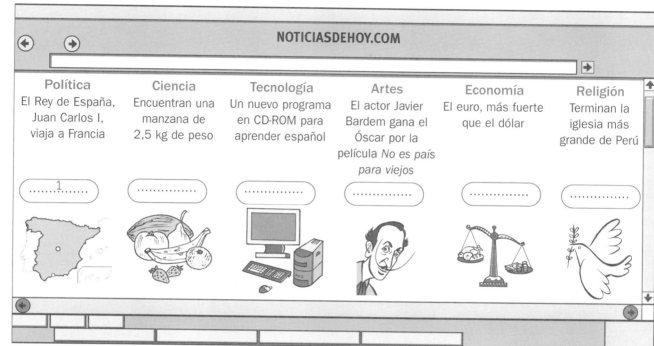

NOTICIASDEHOY.COM

Política	Ciencia	Tecnología	Artes	Economía	Religión
El Rey de España, Juan Carlos I, viaja a Francia	Encuentran una manzana de 2,5 kg de peso	Un nuevo programa en CD-ROM para aprender español	El actor Javier Bardem gana el Óscar por la película *No es país para viejos*	El euro, más fuerte que el dólar	Terminan la iglesia más grande de Perú

......1...... | .... | .... | .... | .... | ....

Secciones de un periódico

1 a) Lee las noticias de *Noticiasdehoy.com*. Observa las imágenes y coloca estas noticias en su sección.

1 Cinco países quieren cambiar su capital: España propone Málaga e Italia, Florencia.
2 En el Día de la Paz, encuentro de cristianos, musulmanes y judíos en México.
3 Venden una foto de Dalí y un cuadro por 120.000 euros.
4 El ordenador más rápido del mundo, en Gerona.
5 Suben los alimentos, pero no los sueldos
6 La fruta, la medicina del futuro.

b) Contesta a qué sección pertenece esta noticia.

> Empieza Artenov XXI, la feria de las artes: arquitectura, escultura, pintura y literatura.

....

2 ¿Cuál es la palabra más general? Completa y encuentra el nombre de un periódico español.

1 El *David* y La *Piedad* son...
2 Camilo José Cela y Pablo Neruda son premios Nobel de...
3 *La guerra de las galaxias* y *Todo sobre mi madre* son...
4 Euro, dólar, yen, peso son...
5 Cristianismo, islam y judaísmo son...
6 Javier Bardem, Gael García Bernal y Antonio Banderas son...

(e) s c u l t u r a s
( ) i t _ _ _ t _ _ _ _
( ) e l í _ _ _ _ _ s
m _ _ e _ ( ) _
r _ _ i _ ( ) o _ _ s
a _ _ _ _ _ _ ( )

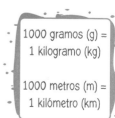

1000 gramos (g) = 1 kilogramo (kg)

1000 metros (m) = 1 kilómetro (km)

PRIMAVERA
(marzo-junio)

VERANO
(junio-septiembre)

OTOÑO
(septiembre-diciembre)

INVIERNO
(diciembre-marzo)

Salamanca

Salamanca

Salamanca

Salamanca

 : llueve   : nieva, hace frío   : hace sol, hace calor   : hace viento

Las estaciones del año. El tiempo atmosférico

3 **a)** Observa los mapas del tiempo y lee este correo electrónico.

b) Elige las palabras correctas para contestar al correo anterior.

Mensaje nuevo

Enviar Chat Adjuntar Agenda Tipo de letra Colores Borrador   Navegador de fotos Mostrar plantillas

Para: Inés

CC:

Asunto: ¿Hace frío en España?

Hola, Inés:
¿Qué tal? Yo, muy bien.
Voy a estudiar en España en 2009, en Salamanca.
Estoy muy contenta.
Una pregunta: ¿hace frío en España?
Gracias y un beso.
Françoise

Mensaje nuevo

Enviar Chat Adjuntar Agenda Tipo de letra Colores Borrador   Navegador de fotos Mostrar plantillas

Para: Françoise

CC:

Asunto: ¿Hace frío en España?

Hola, Françoise: En España hace buen tiempo, no hace mucho frío, solo un poco en
1 invierno/verano. En primavera, más o menos 20 grados, hace sol y llueve **2** poco/mucho.
En verano hace mucho **3** frío/viento/calor, casi 40 grados, no llueve **4** siempre/casi nunca.
En otoño, en Salamanca hace viento y a veces **5** llueve/hace calor. En invierno sí hace **6** lluvia/frío, y en Salamanca a veces nieva, pero hace menos frío que en Niza.
Yo también estoy contenta. ¿Cuándo llegas?
Nos vemos pronto.
Inés

4 **a)** Elige la respuesta correcta.

1 ¿Dónde se puede comprar un periódico? En un quiosco, en una librería y también en:

a ☐ una farmacia.   b ☐ una tienda de una gasolinera.   c ☐ un supermercado.

2 ¿A qué hora es el telediario más importante de la tarde en España?

a ☐ A las 18.00 h.   b ☐ A las 20.00 h.   c ☐ Entre las 20.30 h y las 21.30 h.

3 ¿Qué es lo que menos usan los españoles de internet?

a ☐ la transferencia de archivos (ftp)   b ☐ buscadores   c ☐ correo electrónico y chat

4 En España hay ....medios de comunicación para inmigrantes.

a ☐ 23   b ☐ 186   c ☐ 78

b) ¿Qué prefieren los españoles para informarse? Relaciona y contesta a la pregunta.

1 prensa en papel
2 prensa en internet (prensa digital)

a 34%
b 26%

gasolinera

telediario

5 **a)** Clasifica las fórmulas en el grupo correspondiente.

Por favor, quiero…   (Lo siento,)   Un beso,   Gracias.   Hola, ¿qué tal?   Adiós.   Quería…
Estimado Sr.:   Perdona.   Muchas gracias.   Un saludo cordial,   Disculpa.   Querida Pilar:
Disculpe…   ¿Por favor, puedo…?   Hola, buenos días/tardes…   Nos vemos pronto.

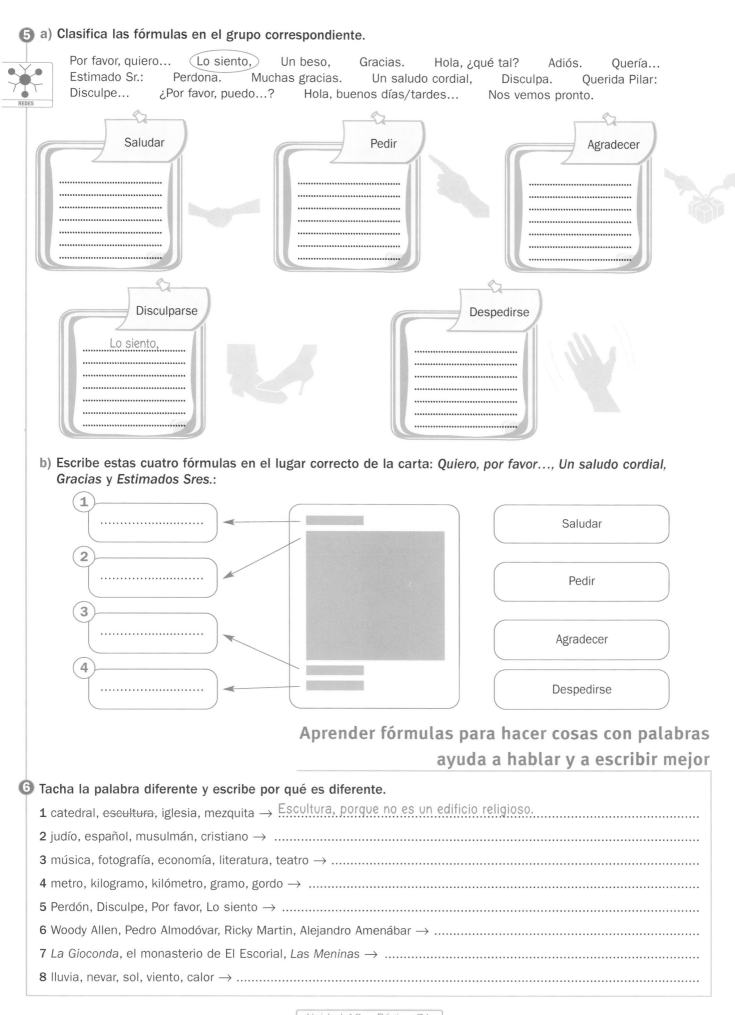

Saludar

....
....
....
....
....
....

Pedir

....
....
....
....
....
....

Agradecer

....
....
....
....
....
....

Disculparse

Lo siento,.............
....
....
....
....
....

Despedirse

....
....
....
....
....
....

b) Escribe estas cuatro fórmulas en el lugar correcto de la carta: *Quiero, por favor…, Un saludo cordial, Gracias* y *Estimados Sres.:*

1 ....
2 ....
3 ....
4 ....

Saludar

Pedir

Agradecer

Despedirse

Aprender fórmulas para hacer cosas con palabras ayuda a hablar y a escribir mejor

6 Tacha la palabra diferente y escribe por qué es diferente.

1 catedral, ~~escultura~~, iglesia, mezquita → Escultura, porque no es un edificio religioso.

2 judío, español, musulmán, cristiano → ....

3 música, fotografía, economía, literatura, teatro → ....

4 metro, kilogramo, kilómetro, gramo, gordo → ....

5 Perdón, Disculpe, Por favor, Lo siento → ....

6 Woody Allen, Pedro Almodóvar, Ricky Martin, Alejandro Amenábar → ....

7 *La Gioconda*, el monasterio de El Escorial, *Las Meninas* → ....

8 lluvia, nevar, sol, viento, calor → ....

7 Observa estas cuatro imágenes del periódico *Noticiasdehoy.com*. Escucha y escribe una oración para cada una.

Ⓐ   Ⓑ   Ⓒ   Ⓓ

Exposición de...

....

....

8 **a)** **Lee estos textos: dos cartas y un fax. Ordénalos.**

Para: La Nación hoy   De: Cristina Serrano   Fecha: 08/04/2008

Fax: 91 9134567   Fax: Asunto: Suscripción a su periódico

Teléfono: Teléfono: 91 6789012

Estimados Sres.:

Envié una solicitud de suscripción al periódico el pasado 17 de febrero. ¿La han recibido? Todavía no llegan los periódicos a casa.

Muchas gracias.

Cristina Serrano

Texto 1: ....

Madrid, 17 de febrero de 2008

Estimados Sres.:

Quiero recibir diariamente el periódico *La Nación hoy*. Mis datos personales son: Cristina Serrano, C/ La Laguna, 57, 4.º i., Madrid 28024.

El pago: mediante transferencia bancaria, a la cuenta 0069-5107-02-0325036815.
Muchas gracias.

Un saludo cordial.

Cristina Serrano

Texto 2: ....1.º....

Madrid, 10 de abril de 2008

Estimada Cristina:

Recibimos su carta del día 20 de febrero; en abril ya tendrá el periódico en su casa. Disculpe por el retraso, le enviamos ejemplares gratuitos de los primeros días de este mes.

Un saludo cordial.

Departamento de suscripciones de *La Nación hoy*

Texto 3: ....

---

b) **Relaciona.**

Texto	El que escribe quiere...
1	**a** decir que ha recibido la otra carta.
	b decir que no ha recibido la otra carta.
2	**c** recibir un periódico todos los días en su casa.
	d recibir un periódico los fines de semana en su casa.
3	**e** preguntar por otra carta porque no tiene respuesta todavía.

9 a) Escucha estas palabras y rodea la sílaba que lleva el acento.

1 Español
primavera, verano, otoño, invierno, foto

2 Portugués
vento, cinema, tarde, nuvem, contente

3 Francés
liberté, egalité, fraternité, beaucoup, enfant

4 Italiano
macchina, camera, tavola, libero, albero

b) Observa las sílabas acentuadas de la actividad anterior y relaciona.

1 En español y en portugués — a ☐☐☐ → la sílaba acentuada es la antepenúltima.
2 En francés — b ☐☐ → la sílaba acentuada es la penúltima.
3 En italiano — c ☐ → la sílaba acentuada es la última.

c) Escucha y repite las palabras del glosario. Observa que muchas palabras de tres o cuatro sílabas son también llanas: *literatura, monumento, dinero, noticias,* etc.

7 UNA CARTA, UN FAX DE SUSCRIPCIÓN: FÓRMULAS
Saludar: Hola, ¿qué tal?, Estimados Sres.:, Hola, buenos días; Querida Pilar...; Pedir: Por favor, quiero...; Quería...; ¿Por favor, puedo...?; Disculparse: Disculpa; Disculpe; Lo siento; Perdón; Perdona...; Agradecer: Gracias; Muchas gracias. Despedirse: Adiós; Un saludo cordial; Un beso; Nos vemos pronto.

1 ¿QUÉ HAY?
Anuncios, fotos, mapa del tiempo, noticias, secciones.

2 ¿QUÉ SECCIONES TIENE?
Artes, ciencia, economía, política, religión, tecnología...

3 PALABRAS PARA ENTENDER NOTICIAS
Artes: arquitectura (monumento), escultura, pintura (cuadro), cine (actor, película, director), fotografía (foto), literatura, música (cantante), teatro. Economía: dinero, salario, monedas (euro, dólar, yen, peso...). Política: presidente, rey, reina, capital, ciudad, país. Prensa en internet (prensa digital), prensa escrita, radio, televisión, telediarios. Religión: cristianos, iglesia, judíos, musulmanes. Tecnología: arroba, correo electrónico, ordenador, página web.

PRENSA

6 MEDIOS DE COMUNICACIÓN
Prensa en internet (prensa digital), prensa escrita, radio, televisión.

5 ESTACIONES DEL AÑO
Primavera, verano, otoño, invierno.

4 PARA HABLAR DEL TIEMPO
Hace frío/calor/sol/viento; hace buen tiempo ≠ hace mal tiempo; llueve, nieva.

d) Personaliza las palabras y escribe frases.

hace frío → En Alaska hace frío.

10 a) Busca estas palabras en tu diccionario y escribe su definición.

monárquico: ....

conservador: ....

socialdemócrata: ....

b) Busca en la Wikipedia el nombre del periódico argentino *La Nación* y de los periódicos españoles *ABC*, *El País* y *Público.* Lee la tabla de la derecha y el primer párrafo en las páginas de cada uno de esos periódicos.

c) Lee otra vez los textos y ordena los periódicos por orden de antigüedad.

El País → .... *ABC* → .... *Público* → .... *La Nación* → ....1.°...........

> Busca palabras muy importantes para entender entradas de enciclopedias y aprender así lengua y cultura.

11 Relaciona estas palabras con secciones de un periódico.

1 dinero ....Economía..........   **6** rey y reina ....

2 teatro ....   **7** fotografía ....

3 arroba (@) ....   **8** presidente del país ....

4 cine ....   **9** salario ....

5 musulmanes ....   **10** plantas y animales ....

12 a) Escribe debajo de las imágenes las estaciones del año.

A — vacaciones, calor y sol
....

B — lluvia y viento
....

C — frío, nieve y lluvia
....

D — flores, sol y lluvia
....

b) Escribe oraciones completas con *hay*, *nieva*, *se caen*, *llueve* y *hace*.

En verano hace calor, hace sol y hay vacaciones.
....

13 Lee otra vez el correo electrónico de la actividad 3 a. En tu cuaderno, escribe a Françoise sobre el tiempo en tu ciudad.

14 Conozco las secciones de un periódico. Puedo hablar del tiempo que hace en cada estación. Puedo entender una carta de suscripción a un periódico.

Sí   Regular   Todavía no

Estudia el glosario.
Repite actividades.

15 Amplía tus conocimientos y practica con las actividades de la página 75.

ACTIVIDADES DE AMPLIACIÓN EN INTERNET

Unidad 2

Juega y repasa. Visita la página

http://cvc.cervantes.es/aula/pasatiempos/pasatiempos2/inicial/lexico/19022001_01.htm.

Unidad 3

Haz las actividades

http://cvc.cervantes.es/ensenanza/actividades_ave/nivelI/actividad_02.htm y
http://cvc.cervantes.es/ensenanza/actividades_ave/nivelI/actividad_03.htm.

• Busca un intercambio de conversación en http://en.wikipedia.org/wiki/Tandem_language_learning.

Unidad 4

¿Quieres escuchar el alfabeto? Ve a

http://www.sflt.ucl.ac.be/gra/Exercices/alfabeto/default.htm **o a** http: www.uiowa.edu/~acadtech/phonetics/.

• Escribe "matricularse en un curso de español" en un buscador. ¿Entiendes el formulario?

http://www.uimp.es/alumnos_matriculacion_online_extranjeros.asp.

Unidad 5

Haz las actividades en

http://www.studyspanish.com/vocab/relationships.htm, http://www.quia.com/mc/448353.html y
http://cvc.cervantes.es/aula/pasatiempos/pasatiempos2/inicial/funcional/11061999_01.htm.

• Busca en internet "familias anfitrionas" o "familias de acogida" y mira los formularios. Si quieres leer anuncios de casas, busca aquí:

http://www.segundamano.es/.

Unidad 6

Escribe "viajes" o "viajar" en un buscador. ¿Entiendes los formularios?

• Juega y repasa. Visita la página

http://www.nueva-tierra.com/cursos/juegos/sopa4.htm.

Unidad 7

¿Quieres ver otras ciudades de España e Hispanoamérica que son Patrimonio de la Humanidad? Ve a

http://cvc.cervantes.es/actcult/ciudades/.

• ¿Sabes que España es el país con más ciudades Patrimonio de la Humanidad? Busca "ciudades Patrimonio de la Humanidad" y "UNESCO" en un buscador para conocer cuáles son.

• Juega y repasa. Visita las páginas

http://cvc.cervantes.es/aula/pasatiempos/pasatiempos1/inicial/sopa_de_letras/08031999_01.htm y
http://cvc.cervantes.es/aula/pasatiempos/pasatiempos2/inicial/funcional/18042001_01.htm.

Unidad 8

Busca "grandes almacenes" en internet y repasa vocabulario.

• Juega y repasa los colores. Visita la página

http://www.studyspanish.com/vocab/colors.htm.

Unidad 9

Busca en internet "restaurantes" + nombre de ciudad. ¿Conoces los cafés famosos de Madrid? Visita la página

http://www.softdoc.es/guia_madrid/ocio/salir/cafes.html.

• Juega y repasa. Visita la página

http://cvc.cervantes.es/aula/pasatiempos/pasatiempos2/inicial/sociocultural/22052000_01.htm.

Unidad 10

Busca "centro comercial" + tu ciudad, "centro de ocio" + tu ciudad y "polideportivo" en internet.

• Juega y repasa. Visita las páginas

http://cvc.cervantes.es/aula/pasatiempos/pasatiempos2/inicial/lexico/20101999_01.htm y
http://cvc.cervantes.es/aula/pasatiempos/pasatiempos2/inicial/lexico/15022000_01s.htm.

Unidad 11

Juega y repasa. Visita las páginas

http://cvc.cervantes.es/aula/pasatiempos/pasatiempos2/inicial/lexico/01101999_01.htm y
http://cvc.cervantes.es/aula/pasatiempos/pasatiempos2/inicial/gramatical/29122000_01s.htm.

Unidad 12

Escribe "titulares" y "prensa digital" en un buscador y observa las secciones de los periódicos.

TRANSCRIPCIONES Y SOLUCIONES

UNIDAD 1

7 a) *Canción del Pirata*,
José de Espronceda
Con diez cañones por banda,
viento en popa, a toda vela,
no corta el mar, sino vuela
un velero bergantín.
Bajel pirata que llaman,
por su bravura, El Temido,
en todo mar conocido
del uno al otro confín.
La luna en el mar riela
en la lona gime el viento,
y alza en blando movimiento
olas de plata y azul;
y va el capitán pirata,
cantando alegre en la popa,
Asia a un lado, al otro Europa,
y allá a su frente Estambul.

Navega, velero mío
sin temor,
que ni enemigo navío,
ni tormenta, ni bonanza
tu rumbo a torcer alcanza,
ni a sujetar tu valor.
Veinte presas
hemos hecho
a despecho
del inglés
y han rendido
sus pendones
cien naciones
a mis pies.
Que es mi barco mi tesoro,
que es mi dios la libertad,
mi ley, la fuerza y el viento,
mi única patria, la mar.

c) **Este libro** 1 Lenguaje de aula (verbos) Completar, contestar, escribir, escuchar, hablar, leer, observar, ordenar, preguntar, relacionar, subrayar, tachar, traducir, hacer, poder, preferir, querer, saber. · 2 Tipos de palabras Sustantivos, verbos, adjetivos. · 3 Apartados Agenda, Lluvia de palabras, Cultura y palabras, Redes, De las palabras al texto, Pronunciación y glosario, Mi diccionario, Autoevaluación, internet. · 4 ¿Para qué? Para planificar, para presentar palabras, para aprender cultura, para relacionar, para usar las palabras, para repasar y pronunciar, para aprender a usar el diccionario, para autoevaluarse, para ampliar actividades. · 5 Partes Unidad, actividades, ejercicios. · 6 Estudiar En casa, en clase de español, solo/-a, en parejas, en grupo.

UNIDAD 2

1 Bienvenidos al concurso Mundocanción. Portugal: quince puntos; España: veintidós puntos; Japón: catorce puntos; Marruecos: veintisiete puntos; Italia: doce puntos; Francia: cinco puntos; Grecia: trece puntos; Brasil: once puntos; México: nueve puntos; Reino Unido: veintinueve puntos; Alemania: ocho puntos; Estados Unidos: dieciséis puntos. ¡Ganador: Reino Unido!

7 a) Chloé es una chica morena, tiene los ojos negros. Es alta y delgada. Es francesa y tiene dieciocho años. · Es un niño muy guapo: rubio y con los ojos claros. Se llama Óscar y es español. Tiene seis años. · Ryuta es un hombre delgado y bajo. Es japonés. Tiene el pelo negro. Lleva bigote y barba y tiene cuarenta y un años. · Ricardo es un señor argentino. Tiene el pelo blanco y los ojos marrones. Lleva bigote y gafas y tiene setenta y ocho años.

9 a) *Romance sonámbulo*,

Federico García Lorca
Verde que te quiero verde.
Verde viento. Verdes ramas.
El barco sobre la mar
y el caballo en la montaña.
Con la sombra en la cintura
ella sueña en su baranda,

verde carne, pelo verde,
con ojos de fría plata.
Verde que te quiero verde.
Bajo la luna gitana,
las cosas las están mirando,
y ellas no pueden mirarlas

b) **Así soy yo** 1 ¿De dónde eres? Soy de: Alemania, Brasil, Egipto, España, Estados Unidos, Francia, Grecia, Holanda, Italia, Japón, Marruecos, México, Portugal, Reino Unido, Chile, Argentina… · 2 ¿Qué lenguas hablas? Alemán, árabe, español, francés, holandés, inglés, italiano, japonés, portugués… · 3 ¿Cómo eres? Soy… rubio, moreno; alto, bajo; gordo, delgado; guapo, feo. · 4 ¿Cómo eres? Tengo el pelo… rubio, moreno, negro, blanco… · 5 ¿Cómo eres? Tengo los ojos… azules, marrones, negros, verdes; grandes, pequeños; oscuros, claros; la nariz… grande, pequeña. · 6 ¿Cómo eres? Llevo gafas, barba, bigote… · 7 ¿Cómo eres? Soy un… niño, chico, hombre, señor. Soy una… niña, chica, mujer, señora. · 8 ¿Cuántos años tienes? Uno, dos, tres, cuatro, cinco, seis, siete, ocho, nueve, diez, once, doce, trece, catorce, quince, dieciséis, diecisiete, dieciocho, diecinueve, veinte, veintiuno, veintidós, treinta…

UNIDAD 3

7 b) Hola, soy Helen, del Reino Unido, hablo inglés y quiero aprender español. Tengo treinta y ocho años. Puedo por las mañanas, de once y cuarto a una menos cuarto, los lunes y miércoles. Mi número de teléfono es el seis siete cinco ochenta y siete setenta y siete setenta.

9 a) *Où es tu* ? Al alba apareció el águila. *This is his cheese.*

b) **Intercambio de conversación** 1 ¿Cuándo? Horario: lunes, martes, miércoles, jueves, viernes, sábado, domingo, fin de semana. · 2 ¿Qué estudias el lunes? Asignaturas: Español, Conversación, Historia, Matemáticas, Francés… · 3 ¿A qué hora? A las doce en punto, y cinco, y diez, y cuarto, y veinte, y media. La una menos veinticinco, menos veinte, menos cuarto, menos diez, menos cinco. · 4 ¿Cuándo? Meses del año: en enero, febrero, marzo, abril, mayo, junio, julio, agosto, septiembre, octubre, noviembre, diciembre; antes de, después de. · 5 ¿Cuándo puedes? Por la mañana, a mediodía, por la tarde, por la noche. · 6 Tiempo Año, mes, semana, día, hora, minuto, segundo. · 7 ¿Para qué? Para aprender francés; para escribir cartas en español; para escuchar y entender música en español; para estudiar historia; para hablar español, inglés…

UNIDAD 4

7 a) Jane: Hola, buenos días. Quería información sobre clases de español.
María: Buenos días. ¿Cómo te llamas?
Jane: Jane.
María: Jane, yo soy María. Mira, tenemos un curso de cuatro horas al día, durante un mes.
Jane: ¿Las clases son por la mañana?
María: Sí, sí, por la mañana, de diez a dos y media.
Jane: Ah… ¿y el precio?
María: : Son trescientos euros al mes. Puedes también usar la biblioteca y venir a las excursiones de los sábados. Vamos a Toledo, Segovia, Cuenca… Son ciudades muy bonitas.
Jane: ¡Qué bien! ¿Puedo matricularme?
María: : Sí, claro, rellena esta ficha, con tu nombre, apellidos, edad, dirección… Todos tus datos personales.
Jane: ¿Puede darme más información sobre las clases?

María: Sí, en las clases hay unos ocho o diez alumnos y son clases grandes y con ordenador.
Jane: ¿De dónde son los profesores?
María: Hay profesores españoles, argentinos, mexicanos…
Jane: ¿Y los compañeros?
María: Franceses, japoneses, ingleses, marroquíes… Hay de todos los países.
Jane: ¿Qué necesito para las clases?
María: Un libro, un diccionario de español…
Jane: Muchas gracias. ¡Hasta la semana que viene!
María: ¡Hasta la semana que viene!

9 a) *Fábula de Polifemo y Galatea*, Luis de Góngora

Guarnición tosca de este escollo duro
troncos robustos son, a cuya greña
menos luz debe, menos aire puro
la caverna profunda, que a la peña;

caliginoso lecho, el seno obscuro
ser de la negra noche nos lo enseña
infame turba de nocturnas aves,
gimiendo tristes y volando graves.

c) **La clase de español** 1 ¿Qué hay? Armario, bolígrafo, diccionario, estantería, fotocopia, goma, lápiz, libro, mapa, mesa, ordenador, papel, pizarra, silla. · 2 ¿Qué haces? Escribir, estudiar, hablar, matricularse. · 3 ¿Quién hay? Profesor, estudiante, compañeros, director. · 4 Datos personales para matricularse Nombre, primer apellido, segundo apellido, sexo, edad, estado civil, lugar de nacimiento, fecha de nacimiento, dirección, calle, avenida, plaza, paseo, número, piso, ciudad, país, código postal, correo electrónico, número de teléfono, móvil, nacionalidad (alemán, chileno, español, japonés…), firma. · 5 ¿Dónde? Academia, colegio, instituto, universidad. · 6 Partes de la academia Biblioteca, clase, información. · 7 ¿Qué tal? Bien, regular, mal. · 8 El libro / la biblioteca es… / Los compañeros / Las clases son… bueno/-a/-os/-as, malo/-a/-os/-as, regular/-es, fácil, difícil.

UNIDAD 5

7 b) Somos Charo y Juan. Tenemos veinticinco años y somos pareja. Vivimos en un apartamento pequeño, en el centro de Barcelona. Tiene un dormitorio y un baño, pero ¡es muy bonito! · Somos la familia Lago: mi marido José y yo, Carmen. Vivimos en un piso grande, de cuatro dormitorios, con mis padres y nuestros hijos. ¡Necesitamos una casa más grande! · Somos Paco y Teresa. Tenemos setenta y dos y setenta y cuatro años y vivimos en un piso de dos dormitorios en el centro de la ciudad. Vivimos cerca de nuestros hijos.

9 a) *Amor constante más allá de la muerte*, Francisco de Quevedo
su cuerpo dejarán, no su cuidado;
serán ceniza, mas tendrán sentido;
polvo serán, mas polvo enamorado.

c) **Esta es mi gente** 1 ¿Quién es? Es mi padre, madre, marido, mujer, tío/-a, hermano/-a, abuelo/-a, hijo/-a, primo/-a, sobrino/-a, nieto/-a… Son mis padres, abuelos, tíos… Es mi pareja; papá, mamá… Es el mayor de la familia. · 2 ¿Dónde vive? En un apartamento, un chalé, un piso… · 3 Partes de la casa Baño, cocina, cuarto de estar, dormitorio, escaleras, garaje, jardín, puerta, salón, ventana… · 4 ¿Qué hay? Electrodomésticos: cocina, lavadora, nevera, radio, televisión… · 5 Muebles Armario, cama, ducha, estantería, lavabo, mesa, silla, sillón, sofá, váter… · 6 ¿Dónde? En el centro de la ciudad, en las afueras. · 7 Somos una familia… grande, pequeña, con perro, gato… · 8 Vivo… Solo/-a, con mi pareja, con mis padres, a dos kilómetros de…, a cien metros de…, cerca, lejos de…, con una familia anfitriona.

UNIDAD 6

7 a) Alberto: Buenos días.
Clara: Buenos días.
Alberto: Quería información sobre viajes a la playa.
Clara: ¿En España o fuera?
Alberto: En España, a Málaga, por ejemplo.
Clara: ¿Quiere ir en avión, en tren o en autobús?
Alberto: En avión.
Clara: Hay uno por la mañana, a las diez y media y otro a las catorce cuarenta.
Alberto: Prefiero por la mañana, a las diez y media.
Clara: ¿Un billete solo de ida?
Alberto: No, de ida y vuelta.
Clara: ¿Una habitación doble?
Alberto: No, simple, con baño, televisión y teléfono.

9 b) *Volverán las oscuras golondrinas*, Gustavo Adolfo Bécquer
Volverán las oscuras golondrinas
en tu balcón sus nidos a colgar,
y, otra vez, con el ala a sus cristales
jugando llamarán.

c) **Viajes** 1 ¿Cómo? Andando/a pie. Ir/viajar en autobús, avión, barco, coche, metro, taxi, tren. · 2 Desde… el aeropuerto, la estación de autobuses, la estación de tren, la parada de autobuses, la parada de taxis, el puerto, salidas, llegadas, aduana… · 3 En taxi Caro, barato; no tienen precio fijo, no tienen ruta fija, se levanta la mano para llamarlos. · 4 ¿Dónde? Campo, mar, montaña, pueblo, playa, río… · 5 ¿Qué hay? Hoteles, insectos, mar, plantas, playa, turistas… · 6 Necesitas… maleta, mapa, mochila, plano, billete de ida, comprar un billete. · 7 ¿Qué tal las vacaciones/el viaje? Bien, mal, regular. Buenísimas, horribles. · 8 ¿Dónde duermes? En… un camping, un hotel, una habitación simple, una habitación doble, con aire acondicionado, con baño, con teléfono, con televisión…

UNIDAD 7

7 b) 1 Mario: ¿Por favor, la calle Colombia?
Paula: La tercera a la derecha.
Mario: ¿Hay una farmacia en esa calle?
Paula: Sí, sí, hay una farmacia por ahí.
2 Mario: ¿La estación de metro Picasso, por favor?
José: Está un poco lejos, todo recto, hasta el final de la calle, y en el parque, a la izquierda.
Mario: Todo recto y en el parque a la izquierda, ¿verdad?
José: Exacto.
Mario: Muchas gracias.
3 Mario: ¿El Hospital Central, por favor?
Gloria: La primera a la derecha, todo recto por la calle Perú y luego la segunda a la izquierda.

Mario: ¿Está lejos?
Gloria: No, diez minutos andando.
Mario: Primera a la derecha, todo recto por la calle Perú y luego…
Gloria: La segunda a la izquierda.
Mario: Perfecto, muchas gracias.
9 b) 1 Yo pienso… er que… er, el… español… er suena muy bien, er… muy rápido.
2 Yo creo… also… que… also… el español… suena como música, ja… es muy bonito.
3 Yo creo… euh… que… euh… el español… euh… suena…. euh… muy fuerte, un poco… me… enfadado.
9 d) Mi ciudad 1 ¿Qué hay? Aparcamiento, banco, centro comercial, comisaría de policía, correos, edificios altos, farmacia, hospital, parque, quiosco, restaurante, supermercado, tienda. · 2 Por favor, ¿para ir a la calle…? A la derecha, a la izquierda, todo recto, al lado de…, al final de la calle…, al norte/al sur/al oeste de…, cerca de…, lejos de…, en el centro de…, la primera/la segunda/la tercera/la cuarta/la quinta calle a la derecha, la segunda a la izquierda… · 3 ¿Para qué vas a…? Para andar y jugar, para cambiar dinero, para comer, para comprar comida, para comprar una medicina, para comprar revistas y periódicos, para comprar sellos, para estudiar, para ir al médico… · 4 ¿Cómo es? Antigua, moderna; bonita, fea; cara, barata; grande, pequeña; limpia, sucia. · 5 Es famosa… por su plaza Mayor, sus calles, su iglesia, su mezquita… Porque es Patrimonio de la Humanidad.
UNIDAD 8
3 d) Carmen: ¿Son tus regalos de cumpleaños, Eva?
Eva: Sí, mira qué bonitos. A ver si adivinas de quién es cada uno.
Carmen: ¿Esta falda roja? ¿Es de Jorge?
Eva: ¡Claro!
Carmen: A ver, a ver, esta maleta marrón… de José Luis.
Eva: Pues no, de mi vecina Marisa.
Carmen: Muy bien. Otro regalo…, esta cartera azul… Mmmm, ¿de José Luis?
Eva: Sí, es bonita, ¿verdad?
Carmen: Sí, sí.
Eva: ¿Y este móvil verde?
Carmen: Solo puede ser de tu amiga Sara, es muy moderno. ¡Qué color!
Eva: Sí, ella siempre lleva ropa modernísima. ¿Y este bolso naranja?
Carmen: ¿De tu hermana Marta?
Eva: Pues sí, ¡conoces muy bien a mis amigos y familiares!
7 b) Dependiente: Grandes almacenes la Supermoda, buenos días, dígame.
Compradora: Buenos días, tengo un catálogo de su tienda, pero sé que ahora están en rebajas, ¿verdad?
Dependiente: Así es.
Compradora: Quería saber algunos precios.
Dependiente: Dígame qué precios quiere saber.
Compradora: ¿Cuánto vale la falda corta amarilla?
Dependiente: Treinta y cinco euros.
Compradora: ¿Y la falda larga marrón?
Dependiente: Cuarenta y seis euros.
Compradora: ¿Y el abrigo largo?
Dependiente: Ciento cuarenta euros.
Compradora: Hay también unos jerséis verdes. ¿Cuánto valen?
Dependiente: Doce euros.
Compradora: ¿Se puede comprar por teléfono?
Dependiente: No, lo siento, en la tienda o a través de la página web.
Compradora: Muy bien. Muchas gracias, adiós.
Dependiente: Adiós, buenos días.
9 b) Paco Peco, chico rico, le gritaba como loco a su tío Federico. Y este dijo: Poco a poco, Paco Peco, ¡poco pico! 9 d) Una fiesta de cumpleaños 1 ¿Quién viene? Amigo, amiga, hermano, hermana, jefe, novio, novia, vecino, vecina… · 2 ¿Cómo es ese/a chico/a? Es… simpático/-a, antipático/-a, alegre, serio/-a, sociable, tímido/-a, inteligente, trabajador/-a. · 3 ¿Qué lleva? Abrigo, camisa, camiseta, falda, jersey, pantalón/pantalones, vaqueros, zapatillas de casa, zapatos de tacón. · 4 ¿Cómo es la ropa y el calzado? Largo/-a, corto/-a, zapatos de tacón. Amarillo, azul, marrón, naranja, rojo, verde… · 5 Regalos Vender, comprar, dar, recibir, abrir, dar las gracias por un regalo. Bolso, cartera, gafas, móvil, ordenador, reloj, ropa, secador. Con tarjeta de crédito. · 6 ¿En qué planta de los grandes almacenes? Cafetería, complementos y regalos, electrónica, muebles y electrodomésticos, niños, señoras y caballeros, zapatería. · 7 ¿Cuánto cuesta? Cien, ciento uno, ciento dos, ciento veinte, doscientos/-as, trescientos/-as, cuatrocientos/-as, quinientos/-as, seiscientos/-as, setecientos/-as, ochocientos/-as, novecientos/-as, mil, dos mil, tres mil, quince mil; euro, billetes, monedas.
UNIDAD 9
7 b) Camarero: Buenos días, ¿para beber?
Lola: Yo agua mineral con gas; no, no, sin gas.
Pedro: Pues yo también. ¿Nos trae la carta, por favor?
Camarero: Ahora mismo.
Pedro: ¿Qué nos recomienda?
Camarero: El pulpo, el cocido madrileño, la merluza a la vasca…
Lola: Mmm, no sé… Yo, de primero, una ensalada mixta.
Pedro: ¿La sopa está rica?
Camarero: Riquísima.
Pedro: Pues venga, yo una sopa de cocido madrileño.
Camarero: ¿Y de segundo?
Lola: Yo, una merluza a la vasca.
Camarero: ¿Y el señor?
Pedro: Una hamburguesa con patatas fritas, por favor.
Camarero: Muy bien.
Pedro: Perdone, ¿puede traerme la sal?
Camarero: Sí, sí, un momento… Aquí tiene.
Pedro y Lola: Gracias.
Lola: Esta merluza no está buena.
Pedro: ¿No? Camarero, por favor…
Lola: Oiga, perdone. ¿Podría cambiarme este plato? Es que creo que no está buena la merluza.
Camarero: ¿No? Lo siento mucho, ahora mismo traigo otra.
9 a) América, café, carne, verdura, jóvenes, tortilla, cruasán, hamburguesa, alimentación, riquísimo, fruta, bocadillo, jamón, restaurante, está, supermercado, menú, azúcar.

9 c) Menú del día 1 Alimentos Azúcar, bocadillo, carne, cruasán, fruta, hamburguesa, huevos, pan, pasta, pescado, sal, sándwich, verdura. Tapa. · 2 ¿Te gusta la fruta? Mucho, bastante, no mucho, nada. · 3 ¿Qué tal el pescado o la carne? Muy bueno/-a, muy rico/-a. No está muy bueno/-a. Frío, caliente. · 4 El menú Primer plato (sopa, ensalada, paella, verduras a la plancha), segundo plato (tortilla, filete de ternera, pescado, hamburguesa), postre (flan, fruta). · 5 Bebidas Agua mineral (con gas, sin gas), café, cerveza, leche, té, vino blanco, vino tinto, vino rosado. · 6 Comidas y verbos Desayuno, desayunar. Comida, comer. Aperitivo, tomar el aperitivo. Merienda, merendar. Cena, cenar. · 7 En el restaurante Carta, cuenta, menú, mesa, plato. Aseos. · 8 ¿Dónde? Bar, cafetería, pub, restaurante. · 9 Secciones de supermercado Carnes, frutas, panes y bollos, pescados, verduras.
UNIDAD 10
7 a) 1 María: Carlos, ¿qué hacemos el sábado?
Carlos: No sé, yo prefiero estar en casa.
María: ¿En casa?
Carlos: Sí, para jugar en internet y ver la televisión.
María: No, por favor, ¿podemos hacer otra cosa?
2 Paula: ¿Vamos al polideportivo el sábado, Ana?
Ana: ¿Este sábado?
Paula: Sí, sí, este sábado.
Ana: Vale, podemos ir a la piscina.
Paula: De acuerdo, pero por la mañana, ¿eh?
Ana: Sí, sí, por la mañana.
3 Marta: Pedro, ¿vamos de compras el sábado?
Pedro: No, otra vez de compras no, por favor.
Marta: ¿Y qué quieres hacer?
Pedro: Pues ir al cine o al teatro. ¿Tienes la guía del ocio?
4 Raúl: Jaime, ¿vamos a la discoteca el sábado?
Jaime: Claro que sí o, si quieres, a un pub o terraza con música.
Raúl: Vale, nos vemos en el centro comercial y luego vemos, ¿vale?
Jaime: Perfecto.
9 a) Hoy voy a ir con mis amigos al cine y lo vamos a pasar muy bien. Después vamos a ir a cenar a un restaurante muy bonito y después a bailar a alguna discoteca para mayores. ¡Qué buen plan para gente mayor con espíritu joven!
9 c) Este fin de semana 1 Ocio cultural y ocio en casa Bailar; cantar; escuchar música, la radio, una canción; jugar en internet; ir a conciertos, a librerías, a museos, a restaurantes, al cine, al circo, al teatro…; leer el periódico, un libro, una revista; ver la televisión… · 2 Centro comercial y de ocio Ir al cine, a la discoteca, a un restaurante, a una terraza, ir de tiendas. · 3 Polideportivo Hacer deporte; practicar deporte; ir al gimnasio; jugar al fútbol; jugar al tenis; nadar (natación)…; Mi deporte favorito es el… · 4 ¿Cuándo? Ayer, hoy, ahora, mañana. · 5 ¿Dónde? En casa de amigos, en el centro comercial y de ocio, en el centro de la ciudad, en el polideportivo… · 6 ¿Cuándo? Siempre, normalmente, a veces, alguna vez, nunca.
UNIDAD 11
7 a) 1 Clara: ¿A qué te dedicas?
Julia: Adivina. Me levanto a las siete y media de la mañana, desayuno en casa y voy al hospital en coche. Trabajo hasta las seis o las siete de la tarde y vuelvo a casa un poco tarde, a las ocho o así.
2 Clara: ¿En qué trabajas?
Diego: Adivina. Me levanto a las seis de la mañana, trabajo con el coche, desde las seis y media hasta las cuatro de la tarde. A veces trabajo por la noche, pero prefiero por la mañana.
3 Clara: ¿A qué te dedicas?
Manuel: Adivina. Trabajo toda la noche en el parque de bomberos, empiezo a trabajar a las once y termino a las cinco de la mañana. Me acuesto a las seis de la mañana y duermo hasta las tres de la tarde. Voy al trabajo en metro.
9 a) 1 Carlos. 2 ¿Carlos? 3 ¡Carlos! 4 ¿Eres médico? 5 Eres médico. 6 ¡Eres médico!
9 c) Mi trabajo 1 Profesiones y ocupaciones Soy abogada, ama de casa, bombero, camarero, dependiente, ingeniero, médico, profesora… · 2 ¿Dónde trabajas? En casa, con el coche, en un colegio, en una empresa, en un hospital, en un restaurante, en una tienda… · 3 Un día normal Levantarse; desayunar; ir al trabajo en coche, en metro…; abrir la tienda; cerrar la tienda; comprar, vender; trabajar; entrar a trabajar; empezar a trabajar; ganar dinero; terminar de trabajar; salir del trabajo; volver a casa; tener vacaciones. Acostarse pronto, acostarse tarde. · 4 Un anuncio Agencia de viajes, empresa de ropa, de transporte… busca: chicos, chicas, dependiente, ingeniero… · 5 Se necesita Con experiencia, edad: mayor de veinte años y menor de cincuenta, con carné de conducir… · 6 Documentación Carné de conducir, carné de identidad, pasaporte, permiso de trabajo, tarjeta de residencia. · 7 Personas en el trabajo Compañeros de trabajo, director, jefe (de departamento). · 8 ¿Cómo trabajas? Bien, mal, mucho, poco, rápido, lento, solo, en grupo, a disgusto, de sol a sol, gratis.
UNIDAD 12
7 El presidente de Estados Unidos de viaje en Francia. Exposición de fotografía en el Museo del Prado. El actor Antonio Banderas de vacaciones en Málaga. Lluvia en el norte de España y sol en el sur.
9 a) Español: primavera, verano, otoño, invierno, foto
Portugués: vento, cinema, tarde, nuvem, contente
Francés: liberté, egalité, fraternité, beaucoup, enfant
Italiano: macchina, camera, tavola, libero, albero
9 c) Prensa 1 ¿Qué hay? Anuncios, fotos, mapa del tiempo, noticias, secciones. · 2 ¿Qué secciones tiene? Artes, ciencia, economía, política, religión, tecnología… · 3 Palabras para entender noticias Artes: arquitectura (monumento), escultura, pintura (cuadro), cine (actor, película, director), fotografía (foto), literatura, música (cantante), teatro. Economía: dinero, salario, monedas (euro, dólar, yen, peso…). Política: presidente, rey, reina, capital, ciudad, país. Prensa en internet (prensa digital), prensa escrita, radio, televisión, telediarios. Religión: cristianos, iglesia, judíos, musulmanes. Tecnología: arroba, correo electrónico, ordenador, página web. · 4 Para hablar del tiempo Hace frío/calor/sol/viento; hace buen tiempo; hace mal tiempo; llueve, nieva. · 5 Estaciones del año Primavera, verano, otoño, invierno. · 6 Medios de comunicación Prensa en internet (prensa digital), prensa escrita, radio, televisión. · 7 Una carta, un fax de suscripción: fórmulas Saludar: Hola, ¿qué tal?; Estimados Sres.:; Hola, buenos días; Querida Pilar:… Pedir: Por favor, quiero…; Quería…; ¿Por favor, puedo…?; Disculparse: Disculpa; Disculpe; Disculpe; Lo siento; Perdón; Perdona…; Agradecer: Gracias; Muchas gracias. Despedirse: Adiós; Un saludo cordial; Un beso; Nos vemos pronto.

SOLUCIONES

UNIDAD 1

1 observar, escuchar, escribir, buscar, traducir, relacionar, leer, hablar, subrayar, completar, preguntar, contestar, ordenar, tachar

2

M	A	R	L	E	E	R	T	X	V	Ñ	O	L	A	R	O
C	V	E	N	B	S	U	R	E	F	S	B	K	J	A	P
O	I	L	I	U	C	C	O	N	T	E	S	T	A	R	T
M	N	A	P	S	R	E	V	A	T	R	E	R	Q	U	R
P	H	C	R	C	I	T	A	C	H	A	R	B	E	R	A
L	C	I	H	A	B	L	A	R	A	R	U	A	U	U	U
E	A	O	M	R	I	O	R	D	E	N	A	R	U	A	U
T	A	N	R	N	R	I	Q	B	T	E	R	Z	J	C	C
A	B	A	W	S	U	B	R	A	Y	A	R	M	C	I	I
R	P	R	E	G	U	N	T	A	R	P	S	I	O	A	R
E	S	C	U	C	H	A	R	O	R	D	O	T	N	R	V

3 1 Agenda · 2 Lluvia de palabras · 3 Cultura y palabras · 4 Redes · 5 De las palabras al texto · 6 Pronunciación y glosario · 7 Mi diccionario · 8 Autoevaluación · 9 Internet

4 a) Respuesta libre b) 1 b · 2 e · 3 h · 4 i · 5 f · 6 c · 7 a · 8 g · 9 d

5 a) 1 libro · 2 unidad · 3 actividades o ejercicios b) escribir una palabra, tachar una palabra, pronunciar una palabra, subrayar una palabra, leer una palabra, aprender una palabra, observar una palabra, preguntar una palabra, buscar una palabra (en el diccionario), relacionar palabras... c) Respuesta libre

6 a) Anna, Hadiya, Paolo b) 1 Anna estudia sola. · 2 Hace las actividades del libro sola. · 3 Hablan en parejas. · 4 Repasan en grupo. c) 1 español 2 estudio, soy 3, 4 Respuesta libre

7 a) Respuesta libre *Si quieres leer el poema, escribe "Canción del Pirata" y "José de Espronceda" en un buscador de internet.* b) 1 Lenguaje de aula (verbos) · 3 Apartados · 6 Estudiar d) Respuesta libre

UNIDAD 2

1 España 22 puntos, Marruecos 27 puntos, Italia 12 puntos, Francia 5 puntos, Grecia 13 puntos, México 9 puntos, Reino Unido 29 puntos, Alemania 8 puntos

2 1 inglés · 2 portugués · 3 japonés · 4 español · 5 inglés · 6 árabe. Marco es de Italia. · Respuesta libre

3 a) Kevin: texto 3 · Mis compañeros de clase: texto 2

4 a) Personajes de España: Don Quijote y Letizia Ortiz · Personajes de Hispanoamérica: Gabriel García Márquez e Isabel Allende. Don Quijote: es alto, delgado y con barba. Gabriel García Márquez: es bajo, moreno, con los ojos negros y bigote. Isabel Allende: es morena, tiene el pelo negro y los ojos negros. Letizia Ortiz: es rubia, alta y tiene los ojos claros, es delgada. Don Quijote no existe.

5 a) 1 ser · 2 tener los ojos · 3 llevar b) Respuesta libre c) Ejemplo: Soy un chico. Soy rubio. Soy bajo. Soy delgado. Tengo los ojos claros. Tengo 27 años. Llevo gafas.

6 a) altfeoxirzclarosmidoklrubiaglocashgordoytbajalmpequeñosr b) feo → guapo; claros → (ojos) oscuros; rubia → morena; gordo → delgado; baja → alta; pequeños → grandes

7 a) A Óscar · B Chloé · C Ricardo · D Ryuta b) 4 El señor es italiano.

8 a) Hola, Luisa: Soy Paul, soy inglés, de Londres. Tú, ¿de dónde eres? Tengo 28 años. Estudio español y quiero hacer un intercambio de conversación. ¿Cómo eres? Yo soy alto y gordo, tengo el pelo rubio y los ojos azules. Soy simpático. ¡Hablo mucho! Hasta pronto. Paul b) Respuesta libre

9 a) A El español es tenso, menos que el alemán, el holandés y el francés y más que el inglés. · Respuesta libre c) Respuesta libre

10 a) Respuesta libre b) 2 Una palabra en español = una o más palabras en otra lengua c) pl 3 · man 1 · s 3 · monsieur 1 · *J'ai vu une dame très élégante* 2

11 1 Soy de Grecia. 2 Hablo inglés, italiano y árabe. 3 No, soy brasileño. 4 No, *oui* es *sí* en francés.

12 1 inglés 2 cuatro 3 rubio 4 moreno 5 Italia 6 gafas

13 Respuesta libre

UNIDAD 3

1 a) lunes, martes, miércoles, jueves, viernes, sábado, domingo · El fin de semana: sábado y domingo. b) 1 b · 2 d · 3 c · 4 a c) 1 V · 2 F · 3 V · 4 F · 5 V · 6 F · 7 V

2 escribir cartas, escuchar música, estudiar historia, tener intercambio de conversación

3 a) enero, febrero, marzo, abril, mayo, junio, julio, agosto, septiembre, octubre, noviembre, diciembre b) las doce y diecisiete, las diez menos cinco / las veintiuna y cincuenta y cinco, la una y media / las trece y treinta, las diez menos veinte / las nueve y cuarenta, las seis menos diez / las diecisiete y cincuenta c) Respuesta libre

d) 1 Conversación. De las doce en punto a las dos menos cuarto. · 2 Español. De las tres en punto a las cuatro y cuarto. · 3 Francés. De las tres en punto a las cuatro y cuarto. · 4 Conversación. De las doce en punto a las dos menos cuarto. · 5 Matemáticas. De las nueve y cuarto a las doce. · 6 Historia. De las cinco y cuarto a las seis y media.

4 a) 2 (sábado: *sabat*, fiesta judía) · 1 (lunes, martes, miércoles, jueves, viernes: nombres de planetas) · 3 (domingo: *domenicus*, fiesta cristiana) b) 1 lunes · 2 lunes, viernes · 3 domingo

5 a) 1 año · 2 mes · 3 semana · 4 día · 5 hora · 6 minuto b) martes y domingo: 2.º y 7.º días de la semana · marzo y diciembre: 3.º y 12.º meses del año c) Error: Un mes tiene 6 semanas.

6 a) Semana: lunes, martes, miércoles, jueves, viernes, sábado, domingo Meses: enero, febrero, marzo, abril, mayo, junio, julio, agosto, septiembre, octubre, noviembre, diciembre

b) abril, septiembre, febrero c) días, meses

7 a) 1 Horario: de 11.15 h a 13.45 h · 2 Horario: de 12.15 h a 13.45 h Teléfono: 665877700 · 3 Edad: 38 años Horario: 11.15 h a 12.45 h b) Nota 3

8 a) 4, 3, 1, 2 b) 1 tarde, cinco y media · 2 tiene clase de español y de francés c) por la mañana/tarde/noche, a mediodía d) Respuesta libre

9 a) A francés · B español · C inglés c) Respuesta libre

10 b) 1 ¿Qué hora es, por favor? Son las seis y media. · 2 ¿A qué hora es el concierto? A las siete.

11 12 13 Respuesta libre

UNIDAD 4

1 a) mapa, estantería, compañero, fotocopia, goma, pizarra, ordenador, armario, lápiz

b) 1 En la clase hay siete sillas. · 2 Hay dos diccionarios. · 3 Hay un ordenador. · 4 Hay una pizarra/puerta. · 5 Hay dos estanterías. · 6 Hay tres mapas. · 7 Hay cuatro estudiantes.

2 Ejemplos: Bien, los compañeros son inteligentes. Regular, los estudiantes son antipáticos. Mal, la biblioteca es pequeña. Bien, las clases son buenas.

3 a) 1 nombre · 3 segundo apellido · 4 sexo · 7 fecha de nacimiento · 8 calle · 9 ciudad · 11 firma b) Horizontales: 1 soltero · 2 viudo · 3 divorciado · 4 separada · 5 casados Verticales: 1 nombre · 2 apellido · 3 lugar · 4 edad · 5 civil

4 Madrid: Paseo del Prado, Calle Gran Vía, Plaza Mayor · Barcelona: Plaza de Cataluña, Paseo de Gracia, Avenida Diagonal

5 a) personas: profesor, estudiante, compañero, director · material: libro, internet, diccionario, papel, bolígrafo, lápiz, goma, fotocopia · datos personales: apellido, nombre, dirección, nacionalidad, lugar de nacimiento, sexo, edad · la clase: silla, mesa, armario, estantería, pizarra, ordenador, mapa ¿Dónde estudiar?: instituto, universidad, academia, colegio, biblioteca, clase

b) A instituto B universidad C colegio

6 a) 1 armario · 2 edad · 3 estado civil · 4 colegio · 5 fotocopia · 6 nombre

b)

E	S	T	A	D	O	C	I	V	I	L	
D	V	E	I	T	M	O	B	E	P	S	
A	R	M	A	R	I	O	E	N	D	O	
D	A	C	O	L	E	G	I	O	T	P	
I	R	N	O	M	B	R	E	A	U	C	
N	O	B	R	R	A	T	D	N	O	D	
F	O	T	O	C	O	P	I	A	Y	T	

7 a) 2, 1, 3, 4

b) 1 Las clases son por la mañana, de diez a dos y media. · 2 La clases son grandes y con ordenador. · 3 Los profesores son españoles, argentinos, mexicanos...

8 a) Datos falsos: Nombre: Jesús · Segundo apellido: García · Nacionalidad: argentina b) Respuesta libre

9 a) A El español es grave, por eso parece que los españoles hablan alto. El francés, por ejemplo, es agudo. Si quieres leer el poema entero, escribe "Fábula de Polifemo y Galatea" y "Luis de Góngora" en un buscador de internet. b) Respuesta libre d) Respuesta libre

10 a) 1 armario, calle, ciudad, clase, compañero, correo, edad, goma, lápiz, mapa, material, mesa, pizarra, ordenador · 2 En la letra C. · 3 En la letra L.

b) pequeñas → pequeño; hablamos → hablar; me matriculo → matricularse; inteligentes → inteligente ñ

11 12 Respuesta libre

UNIDAD 5

1 a) 1 Aurora · 2 Miguel · 3 Laura

b) 1 abuelos · 2 marido y mujer · 3 primas · 4 hermanos · 5 padres c) Respuesta libre

2 a) Si yo soy tu tío/tía, tú eres mi sobrino/sobrina. · Si yo soy tu abuelo/abuela, tú eres mi nieto/nieta. · Si yo soy tu padre/madre, tú eres mi hijo/hija. · Si yo soy tu primo/prima, tú eres mi primo/prima. · Si yo soy tu hermano/hermana, tú eres mi hermano/hermana. b) 1 mujer · 2 tía · 3 hermanos · 4 abuela · 5 primos · 6 hija · 7 pareja · 8 familia

Palabras escondidas: mamá y papá

3 a) 1 dormitorio · 2 cuarto de estar · 3 baño · 4 salón · 5 garaje, puerta · 6 jardín · 7 escaleras · 8 cocina, ventana b) 1 F · 2 V · 3 F · 4 V · 5 F · 6 F

4 a) 1 piso · 2 apartamento · 3 chalé b) 1 c · 2 a

5 a) 1 la nevera, la lavadora, la cocina · 2 el sofá, la radio, la televisión · 3 la cama, el armario · 4 el lavabo, la ducha, el váter · 5 la mesa, la silla, la estantería, el sillón

b) Respuesta libre

6 a) Frases falsas: 2 y 8 b) Respuesta libre

7 a) Respuesta libre b) A Charo y Juan · B Paco y Teresa · C familia Lago

8 a) B b) Respuesta libre

9 a) Si quieres leer el poema entero, escribe "Amor constante más allá de la muerte" y "Francisco de Quevedo" en un buscador de internet. b) B: al hablar español la lengua está normalmente en el centro; en francés, por ejemplo, está delante (A). d) Respuesta libre

10 a) A b) Piso: 1 C · 2 B · Casa: 1 D · 2 A

11 12 13 Respuesta libre

UNIDAD 6

1 a) 1 En B el aeropuerto es pequeño. · 2 En B no hay parada de taxis. · 3 En A hay dos autobuses. · 4 En B la agencia de viajes está cerrada. · 5 En B no hay puerto. b) 1 avión · 2 barco · 3 tren · 4 metro · 5 autobús · 6 taxi · 7 andando/a pie

2 Horizontales: 1 barco · 2 aeropuerto · 3 metro · 4 estación Verticales: 1 coche · 2 puertos · 3 medios

3 a) Orden en que aparecen las palabras: vacaciones, playa, mar, hotel, estrellas, habitación, campo, montaña, camping, insectos, plantas, río, pueblo b) Respuesta libre

4 a) Aeropuerto Internacional de la Ciudad de México (MEX) → México; Aeropuerto Internacional José Martí (HVA) → La Habana; Aeropuerto de Madrid-Barajas (MAD) → Madrid; Aeropuerto Internacional Ezeiza, Ministro Pistarini (EZE) → Buenos Aires

b) RENFE, AVE, FF. CC. c) 1 F · 2 V · 3 V · 4 V · 5 V

5 a) Respuesta libre b) Respuesta libre

6 1 billetes · 2 habitación · 3 hotel

7 a) España, Málaga; En avión; por la mañana; de ida y vuelta; doble, simple b) Resumen 2 · Respuesta libre

8 Viaje a Ciudad de México: 1 buenísimas · 2 a Ciudad de México · 3 bueno · 4 muchos · 5 muy · 6 volvemos a esta ciudad · Viaje a la playa: 1 horribles · 2 a la playa · 3 malo · 4 pocos · 5 poco · 6 nos vamos a otro sitio

9 a) A. Al hablar español movemos mucho la mandíbula. · Respuesta libre

b) Si quieres leer la poesía, escribe en un buscador de internet "Volverán las oscuras golondrinas" y "Gustavo Adolfo Bécquer". d) Respuesta libre

10 a) Respuesta libre b) 1 c · 2 b · 3 a · 4 d

11 1 b · 2 b · 3 a · 4 a · 5 b · 6 a · 7 c

12 Respuesta libre

UNIDAD 7
1 a)

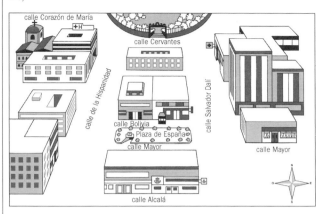

b) Respuesta libre

2

S	U	T	Y	F	A	R	W	P	R	B	O
E	S	R	E	A	M	E	D	I	V	R	R
L	U	A	F	R	C	R	A	H	X	A	P
T	P	C	L	M	I	G	L	A	A	O	A
R	E	S	T	A	U	R	A	N	T	E	R
B	R	O	O	C	F	O	T	V	V	A	Q
A	M	B	U	I	V	A	N	C	O	S	U
C	E	I	L	A	T	E	N	I	D	D	E
R	R	I	L	M	A	I	A	I	L	O	P
E	C	O	R	R	E	O	S	T	H	I	N
I	A	G	E	D	P	L	I	A	A	N	S
P	D	L	I	C	A	I	O	L	F	A	C
P	O	L	I	C	I	A	E	M	O	B	O

3 a) 1 al centro comercial · 2 al parque · 3 al restaurante italiano · 4 a la iglesia · 5 al hospital/al parque · 6 al supermercado · 7 al banco · 8 a la comisaría de policía
b) Respuesta libre
4 A España · B Hispanoamérica (Perú) · C Hispanoamérica (Cuba) · D España · E Hispanoamérica (México) · F Hispanoamérica (Ecuador)
5 Voy al banco para cambiar dinero. · Voy a la tienda, al centro comercial o al supermercado para comprar comida. · Voy a correos para comprar sellos. · Voy al hospital para ver al médico. · Voy al parque para andar y jugar. · Voy al colegio o a la escuela para estudiar. · Voy al restaurante para comer. · Voy al quiosco para comprar revistas y periódicos. · Voy a la farmacia para comprar una medicina. · Voy a la comisaría de policía para hablar con la policía.
6 a) Verbos: aparcar, cambiar, comer, comprar, jugar, vivir, viajar
b) bonita → fea; comprar → vender; ir → venir; limpio → sucio; antigua → moderna; caro → barato
7 a) primero, segundo, tercero, cuarto, quinto **b)** A la farmacia · A la estación de metro Picasso · Al Hospital Central
8 a) a Correos (para comprar sellos), al supermercado (para comprar fruta), a la farmacia (para comprar una medicina para la tos), al quiosco (para comprar una revista), al banco (para cambiar dinero)
b)

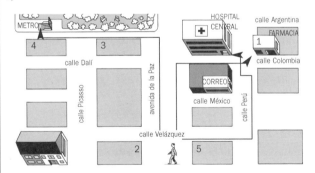

c) Ejemplos: 1 Todo recto hasta la avenida de la Paz y al final de la avenida de la Paz a la derecha. Es la tercera calle a la derecha. 2 La primera a la izquierda y todo recto por la calle Picasso. Es la segunda calle que cruza. 3 Todo recto por la calle la avenida de la Paz y la segunda a la derecha. 4 Todo recto por la avenida de la Paz y es la cuarta a la derecha.
9 a) 3, 4 **b)** 1 er · 2 (also/ja) · 3 euh **c)** Yo pienso… eeh… que el español… mmm… es… mmm… muy alegre. **e)** Respuesta libre
10 a) Respuesta libre · Variedad de monumentos
b) Toledo <u>es</u> una de las <u>ciudades</u> españolas con mayor <u>riqueza</u> monumental. Conocida como "<u>ciudad</u> de las tres <u>culturas</u>", debido a la <u>convivencia</u> durante <u>siglos</u> de <u>cristianos</u>, <u>árabes</u> y <u>judíos</u>, Toledo <u>conserva</u> tras sus <u>murallas</u> un <u>legado</u> artístico y cultural en forma de <u>iglesias</u>, <u>palacios</u>, <u>fortalezas</u>, <u>mezquitas</u> y <u>sinagogas</u>. Esta gran <u>diversidad</u> de <u>estilos</u> artísticos <u>convierte</u> el <u>casco</u> antiguo de la <u>capital</u> manchega en un auténtico <u>museo</u> al <u>aire</u> libre, hecho que <u>ha permitido</u> su <u>declaración</u> como <u>Patrimonio</u> de la <u>Humanidad</u>. **c)** Resumen 1
11 a) Rubén: 1, 4 · Sara: 2, 3, 5
12 Ejemplo: Madrid es una ciudad grande, tiene metro, tiene un gran parque, El Retiro, y es una ciudad un poco cara.

---

13 Respuesta libre
UNIDAD 8
1 a) A Sara · B José Luis · C Marta · D Jorge · E Marisa **b)** Ejemplo: Jorge es simpático. · Marisa es inteligente y trabajadora. · José Luis es tímido. · Sara es alegre. · Marta es sociable.
2 1 Buenos días, quería una falda roja por favor. · 2 Los vaqueros azules son largos. · 3 ¿Azul o marrón? · 4 No quiero un abrigo verde. · 5 ¿Cuánto cuesta, por favor? · 6 Ochenta euros. Color: blanco
3 a) A ropa · B ordenador · C móvil · D gafas de sol · E reloj · F zapatos de tacón · G cartera · H bolso · I secador **b)** ropa → señoras y caballeros · ordenador → electrónica · móvil → electrónica · gafas de sol → complementos y regalos · reloj → complementos y regalos · zapatos de tacón → zapatería · cartera → complementos y regalos · bolso → complementos y regalos · secador → muebles y electrodomésticos **c)** E: La naranja no es negra, es naranja. **d)** Jorge: una falda roja · Marisa: una maleta marrón · José Luis: una cartera azul · Sara: un móvil verde · Marta: un bolso naranja
4 1 a, d, e · 2 b, c
5 a) Ejemplo: vaqueros caros · falda corta · abrigo barato · camisa amarilla · camisetas naranjas · jerséis azules **b)** Ejemplo: señor inteligente · vecina simpática · chicos antipáticos · amiga trabajadora · novio alegre · padres serios · amiga tímida · amigos sociables
6 a) + (positivo): simpático, inteligente, trabajador, alegre, sociable · - (negativo): antipático, serio, tímido **b)** trbljointeligentemplipralegrelazxcitimidajactiplsociableñncasimpáticasjm · Respuesta libre
7 b) falda corta amarilla: 35 € · falda larga marrón: 46 € · abrigo largo: 140 € · jerséis verdes: 12 €
8 a) y b)
Comprador/-a: Buenos días.
Vendedor/-a: Buenos días, ¿qué quería?
Comprador/-a: No sé, estoy mirando, gracias.

Comprador/-a: ¿Cuánto cuesta este (pantalón) azul?
Vendedor/-a: 45 €, es de buena calidad.
Comprador/-a: ¿No hay <u>negro</u> o <u>marrón</u>?
Vendedor/-a: A ver, un momento, aquí está. ¿Qué talla tiene?
Comprador/-a: La 44, por favor. ¿Puedo probármelo?
Vendedor/-a: Sí claro, allí a la derecha.

Vendedor/-a: ¿Qué tal el (pantalón)?
Comprador/-a: Un poco largo, no estoy muy segura. ¿Tienen algún (abrigo) marrón?
Vendedor/-a: <u>Marrón</u> no tenemos, tenemos <u>blanco</u> y <u>negro</u>.
Comprador/-a: Ya, bueno…. ¿A qué hora cierran?
Vendedor/-a: A las ocho y media.
Comprador/-a: Luego vuelvo, muchas gracias.

c) Quiero comprar ahora mismo: ¿Puedo pagar con tarjeta?, Me lo llevo, gracias. · No quiero comprar ahora mismo: ¿A qué hora cerráis?, Luego vuelvo, Me lo voy a pensar.
9 a) pha, istch, ight, the, ção, sha, rão, ing **b)** 1 **c)** 2 **e)** Respuesta libre
10 a) Respuesta libre **b)** 1 Vender un regalo · 2 Comprar un regalo · 3 Dar un regalo · 4 Recibir un regalo · 5 Abrir un regalo · 6 Dar las gracias por un regalo. ("Dar las gracias por un regalo" también es posible antes de abrir un regalo.) **c)** Respuesta libre **d)** Ejemplo: 1 caro, precioso, muy bonito · 2 tienda · 3 recibir, abrir, dar las gracias por
11 A El chico lleva vaqueros y jersey. · B La chica lleva una falda y una camiseta.
12 Respuesta libre
13 1 corto · 2 antipático · 3 barata · 4 estudiar
14 Respuesta libre
UNIDAD 9
1 a) pan, cruasán, bocadillo, té
b) Ejemplo: 1 mucho: la fruta y la carne · 2 bastante: el pan · 3 no mucho: los bocadillos · 4 nada: el pescado · Ejemplo: Me gusta mucho la verdura, la fruta bastante y la leche no mucho. No me gusta nada el pescado.
2 b) Nota 3 · Respuesta libre
3 a) 1 Primer plato · 2 Segundo plato · 3 Postre · 4 Bebidas **b)** Comidas frías: ensalada, fruta, verdura, pan, bocadillo, sándwich, cruasán, flan · Comidas calientes: hamburguesa, carne, pescado, huevos, pasta, sopa, paella, verduras a la plancha, tortilla · Bebidas frías: leche, agua mineral con gas, agua mineral sin gas, cerveza, vino blanco, vino tinto, vino rosado · Bebidas calientes: leche, té, café solo, café con leche, café cortado
4 a) ¿A qué hora? de 15.00 h a 16.00 h (la merienda es de 16.30 h a 18.00 h, a la salida del colegio) · ¿Quién? niños (los jóvenes y adultos toman el aperitivo en bares, antes de comer, los niños, no) · ¿Qué? sándwich (normalmente los españoles comen primer plato, segundo plato y postre) **b)** a
5 1 postre, primer plato, segundo plato · 2 mesa, plato, carta, menú, cuenta · 3 cenar, comer, desayunar · 4 barato, caro, bueno, regular, malo · 5 ¿Podría cambiarme este plato?, Por favor, más pan., Está muy rico., Quiero una mesa para cuatro personas para esta noche., La cuenta, por favor.
6 a) desayuno: desayunar; aperitivo: tomar el aperitivo; comida: comer; merienda: merendar; cena: cenar
b) Ejemplos: 1 José desayuna a las 7.30 h y yo desayuno a las 8.00 h. · 2 José toma el aperitivo los domingos a las 13.30 h y yo tomo el aperitivo a las 12.00 h. · 3 José normalmente come a las 14.00 h y yo como a las 13.00 h. · 4 José no merienda nada y yo meriendo una fruta a las 15.30 h. · 5 José cena a las 21.00 h y yo ceno a las 19.00 h.
7 a) Pedro: cocido madrileño; Lola: merluza a la vasca
b) 1 Comen a la carta. · 2 Lola come ensalada mixta de primero y merluza a la vasca de segundo. · 3 Pedro come sopa de cocido madrileño de primero y hamburguesa con patatas fritas de segundo. · 4 Falta sal. · 5 La merluza.
8 1 B · 2 D · 3 E · 4 A · 5 C
9 a) 1 América, jóvenes, riquísimo · 2 carne, verdura, tortilla, hamburguesa, fruta, bocadillo, restaurante, supermercado, azúcar · 3 café, cruasán, jamón, alimentación, está, menú **b)** En español la mayoría de las palabras son del grupo 2. (Estas palabras se llaman "llanas".) **d)** Respuesta libre
10 a) A bebidas alcohólicas · B establecimiento comercial · C barra · A restaurante · B bar · C cafetería · D pub
11 A carnes · B frutas · C pescados · D panes y bollos · E verduras
12 Ejemplo: bueno, caro, bien, verduras, segundo, postre, vino
13 Respuesta libre

UNIDAD 10

1 a) cines · teatros · conciertos de música · librerías · museos · restaurantes · programas de televisión · circos · internet b) **Ocio en casa:** ver la televisión, leer el periódico, leer un libro, leer una revista, ver una película, ver las noticias, escuchar música, escuchar la radio, escuchar una canción, cantar, bailar, programas de televisión, internet · **Ocio y cultura fuera de casa:** leer el periódico, leer un libro, leer una revista, ver una película, escuchar música, escuchar una canción, cantar, bailar, cines, teatros, conciertos de música, librerías, restaurantes, museos, circos, internet

2

```
C I N N M U O P A R Y U P
J A P A A R L N R T A V A
C T M R I L I B R E R I A
Q E U R O L L N T A R I R
V A S T A U R A N T E A T
L M E M A M R C L R T E C
I U U P T C I R C O D E S
T S R U R I A O P C I M T
T E A Y R N M U S S E E U
C O N C I E R T O I U L C
X D A R E S T R R A N T T
```

3 a) **Centro comercial y de ocio Sábadux:** 1.ª planta: tiendas · 2.ª planta: cines y discoteca · 3.ª planta: restaurantes y terraza **Polideportivo Fernando Alonso:** 1.ª planta: natación y gimnasio · 2.ª planta: tenis y baloncesto · 3.ª planta: fútbol b) A Va a comprar. / Va de tiendas. · B Va a jugar al tenis. · C Van a hablar a una terraza. / Van a tomar algo.

4 a) 1 F (es la natación) · 2 F (es el fútbol) · 3 V · 4 F (los españoles leen una media de 11 libros al año) · 5 V · 6 V · 7 F (el 40% de las casas tienen internet en el año 2007) b) 1 c · 2 d · 3 a · 4 b

5 a) **25 de julio:** Hoy ha sido un día muy interesante: una mañana de ocio cultural en Zaragoza. Por la mañana: hemos ido al museo y al circo. Por la tarde, hemos estado en casa y también ha sido divertido. Hemos hecho muchas actividades: leer libros, ver la televisión, escuchar música y jugar en internet. · **26 de julio:** Hoy hemos ido al polideportivo para ir al gimnasio /para nadar / para jugar al fútbol / al tenis / al baloncesto. Por la noche, hemos ido al centro comercial para ir al cine /a la terraza / al restaurante / de tiendas y a la discoteca para bailar. ¡Qué fin de semana tan divertido! b) Respuesta libre

6 a) nadar: natación, jugar: juego, leer libros: lectura, bailar: baile
b) **Escuchar:** música, una canción, la radio ·**Jugar:** tenis, fútbol, baloncesto · **Leer:** un periódico, un libro, una revista · **Ver:** una obra de teatro, una película, un programa de televisión

7 a) **Carlos:** ocio en casa: internet y ver la televisión · **Ana:** deporte: natación (piscina) · **Pedro:** ocio cultural: cine o teatro · **Jaime:** centro comercial: discoteca, pub o terraza
b) Respuesta libre

8 b) 1 Ir al cine para ver la película *Sin final* o ir a cenar al restaurante *Rico, rico.* · 2 Ir al cine para ver la película *Sin final* o al concierto de Chopin. · 3 Ir al teatro para ver la obra *La madre.*

9 a) C b) Respuesta libre c) Es una mujer adulta y está seria. d) Respuesta libre

10 a) El deporte favorito de Luis es el fútbol. · 1 un campo de fútbol · 2 un balón y 22 jugadores · 3 de grupo y divertido b) Respuesta libre

11 1 c · 2 a · 3 a

12 Respuesta libre Ejemplo: Nunca voy a discotecas. · A veces veo la televisión. · Nunca voy al circo. · Siempre voy al cine. · Alguna vez voy al teatro. · Normalmente leo libros y veo la tele en casa.

13 Respuesta libre

UNIDAD 11

1 a) 1 Miguel llega al trabajo a a las 9.30 h y Diana a las 8.30 h. · 2 Miguel abre la tienda a las 10.00 h y Diana empieza a trabajar a las 8.50 h. · 3 Miguel sale del trabajo a las 13.30 h y vuelve a casa para comer. Diana come en el trabajo. · 4 Miguel vuelve al trabajo a las 17.30 h y Diana sale a las 17.00 h. · 5 Miguel llega tarde a casa, a las 21.30 h y Diana llega pronto a casa, a las 17.30 h. b) Miguel es dependiente y Diana es abogada.

2 mkl**taxista**merc**amadecasa**perma**bombero**desti**abogada**calo**médico**sona**dependiente**

3 a) Anuncio 1: María José · Anuncio 2: Cristina · Anuncio 3: John
b) director · jefe de departamento · compañero de trabajo / compañero de trabajo / compañero de trabajo

4 1 V · 2 V · 3 F (*En general, en España las tiendas abren de 10.00 a 13.30 h y por la tarde abren a las 17.00 o 17.30 h y cierran a las 20.30 h.*) · 4 F (*Tienen 22 días.*) · 5 F · 6 V

5 a) trabajar: 1 · vender: 2 · cerrar: 4 · acostarse: 5 · desayunar: 1 · comprar: 1 · necesitar: 1 · abrir: 3 b) Ejemplo: CERRAR, Verbo: irregular como *pensar* · Traducción: *to close* · Ejemplo: *Cierra la puerta.* · Se usa con estas palabras: *la tienda, el banco.*

6 a) 1 g · 2 d · 3 f · 4 a · 5 e · 6 c · 7 b · 8 f b) **Personas:** compañeros de trabajo, director, jefe de departamento · **Documentación:** pasaporte, carné de conducir, tarjeta de residencia, permiso de trabajo, carné de identidad · **Para este trabajo se necesita:** licenciado en..., inglés, francés, experiencia, carné de conducir

7 a) 3, 1, 2 b) 1 El taxista · 2 La médica · 3 El bombero

8 a) Beatriz es dependienta. b) 2 c) **Orden en que deben aparecer las palabras:** dependiente, Barcelona, experiencia, hablo

9 a) 1 Carlos. · 2 ¿Carlos? · 3 ¡Carlos! · 4 ¿Eres médico?. · 5 Eres médico. · 6 ¡Eres médico! b) 1 B · 2 A · 3 B · 4 B · 5 B · 6 A d) Respuesta libre

10 a) Respuesta libre b) **Combinación incorrecta:** trabajar muy

11 1 c · 2 d · 3 a · 4 f · 5 g · 6 e · 7 b

12 y 13 Respuesta libre

UNIDAD 12

1 a) 1 Política · 2 Religión · 3 Artes · 4 Tecnología · 5 Economía · 6 Ciencia b) Artes

2 1 esculturas · 2 literatura · 3 películas · 4 monedas · 5 religiones · 6 actores · El periódico es: *El País.*

3 b) 1 invierno · 2 poco · 3 calor · 4 casi nunca · 5 llueve · 6 frío

4 1 b (*En los supermercados no se venden periódicos ni revistas normalmente*

y en las farmacias tampoco.*) · 2 c (*El telediario de la tarde-noche es entre las 20.30 h y las 21.30 h*) · 3 a (*Lo que menos usan los españoles es la transferencia de archivos.*) · 4 b (*<http://blogs.periodistadigital.com/emigrantes. php/2007/11/12> consulta: 26/03/08*) b) prensa en internet (prensa digital): 34%, prensa en papel: 26% (*<http://ifuturo. blogspot.com/2007/09/internet-des-banca-los-medios-de.html> consulta: 26/03/08*)

5 a) **Saludar:** Hola, ¿qué tal?; Estimado Sr.; Querida Pilar:; Hola, buenos días/tardes... · **Pedir:** Por favor, quiero...; Quería...; ¿Por favor, puedo...? · **Agradecer:** Gracias.; Muchas gracias. · **Disculparse:** Lo siento.; Perdona.; Disculpa.; Disculpe... · **Despedirse:** Un beso,; Adiós.; Un saludo cordial; Nos vemos pronto. b) 1 Estimados Sres.: · 2 Quiero, por favor... · 3 Gracias · 4 Un saludo cordial

6 1 Escultura, porque no es un edificio religioso. · 2 Español, porque no es una religión. · 3 Economía, porque el resto son artes. · 4 Gordo, porque no es una medida. · 5 Por favor, porque el resto son fórmulas para disculparse. · 6 Ricky Martin, porque es un cantante, no un director de cine. · 7 El monasterio de El Escorial, porque es un monumento arquitectónico y no un cuadro. · 8 Nevar, porque es un verbo.

7 A Lluvia en el norte de España y sol en el sur. · B Exposición de fotografía en el Museo del Prado. · C El presidente de EE. UU. de viaje en Francia. · D El actor Antonio Banderas de vacaciones en Málaga.

8 a) 2.º, 1.º, 3.º b) 1 e · 2 c · 3 a

9 a) 1: primavera, verano, otoño, invierno, foto · 2: vento, cinema, tarde, nuvem, contente · 3: liberté, egalité, fraternité, beaucoup, enfant · 4: macchina, camera, tavola, libero, albero b) 1 b · 2 c · 3 a
d) Respuesta libre

10 a) Respuesta libre c) *La Nación* (1.º), *ABC* (2.º), *El País* (3.º) y *Público* (4.º)

11 1 Economía · 2 Artes · 3 Tecnología · 4 Artes · 5 Religión · 6 Política · 7 Artes · 8 Política · 9 Economía · 10 Ciencia

12 a) A verano · B otoño · C invierno · D primavera b) Ejemplo: En verano hace calor, hace sol y hay vacaciones. En invierno nieva, hace frío y a veces llueve.

13 14 Respuesta libre